W0236600

Erich Schechner
War's das?

Erich Schechner

WAR'S DAS?

Die Sinnfrage in der zweiten Lebenshälfte

Kösel

Verlagsgruppe Random House FSC® N001967
Das für dieses Buch verwendete FSC®-zertifizierte Papier *Munken Premium*
liefert Arctic Paper Munkedals AB, Schweden.

Copyright © 2013 Kösel-Verlag, München,
in der Verlagsgruppe Random House GmbH
Umschlag: Monika Neuser, München
Umschlagmotiv: fotolia@HayatiKayhan
Druck und Bindung: GGP Media GmbH, Pößneck
Printed in Germany
ISBN 978-3-466-37081-8

Weitere Informationen zu diesem Buch und unserem
gesamten lieferbaren Programm finden Sie unter
www.koesel.de

INHALT

EIN NEUER ZUGANG ZUM LEBEN

Angesichts der Vielfalt unserer Vorstellungen zum Alter, zum Älterwerden und den noch vorzufindenden Sinn für den Rest des Lebens stellt sich die Frage, was Alter und Sinn eigentlich sind. Wer kennt nicht die Situation, sich selbst jünger einzuschätzen als Menschen gleichen Alters? Passen Alter und Sinn überhaupt zusammen? Wir fühlen uns ›jünger‹ als das Gegenüber; aber sind wir wirklich jünger oder ist das Gegenüber älter? Was ist Alter überhaupt? Gibt es einen Zeitabschnitt mit dem Gefühl der Jugendlichkeit und gibt es einen Zeitabschnitt, in dem wir uns alt fühlen? Wann werden wir alt oder sind wir immer jung? Wie kann ich sinnvoll auf mein Alter reagieren, damit ich weiterhin Freude am Leben verspüre? Bringt der Gedanke an den Tod uns erst das Leben?

Viele Fragen, mit denen wir im Laufe der zweiten Lebenshälfte konfrontiert werden, nachdenken und in Besinnung zu Antworten kommen. Aufgabe der nachfolgenden Gedanken und Ausführungen ist es, das Altern als eine natürliche, aber auch immer als eine positive Entwicklung darzustellen, denn: Sinn gibt es immer zu entdecken, unabhängig wie alt ich bin.

Alle Ausführungen im Folgenden basieren auf den Erkenntnissen der *Dritten Wiener Richtung für Psychotherapie*, der *Logotherapie* und *Existenzanalyse*. Viktor Frankl, der Begründer dieser Therapierichtung geht von dem Grundsatz aus, dass jeder Mensch in seinem Leben Sinn entdecken möchte, unabhängig von seiner

Herkunft, Bildung und Alter. Die Erkenntnisse der Logotherapie kann sehr gut auch vorsorgend jede und jeder für sich selbst verwenden, um dauerhaft ein ausgeglichenes und sinnerfülltes Leben zu führen. Die Logotherapie ist zusätzlich eine Motivationstheorie, um sich selbst quasi an den Haaren aus dem Sumpf des Alltags, seinen negativen Einflüssen und Widrigkeiten herauszuziehen. Die Bedeutung des Wortes Automobil gilt in diesem Fall auch für uns. Im Kompositum ›Automobil‹ steckt nicht nur das griechische Wort ›autos‹ für ›selbst‹, sondern auch das lateinische Wort ›mobilis‹ für ›beweglich‹. Wir können uns also ›automobil‹ von Einflüssen des Lebens, Problemen und Leiden fortbewegen, wir können uns selbst motivieren und das Leben sinn- und wertvoll umgestalten. Wir alle können Baron Münchhausens Fähigkeit an uns selbst anwenden. Münchhausen wäre aber nicht so erfolgreich in seinen Geschichten gewesen, wenn er nur reagiert und gewartet hätte, bis ein Ereignis eintritt. Der rote Faden des Buches ist die Erkenntnis, dass wir Menschen, gleichgültig ob noch handlungsfähig oder nur mehr kraft unserer Gedanken, fähig sind, uns auf Situationen einstellen zu können, die nicht mehr veränderbar sind, oder die jeweilige Situation als Chance zu nutzen, uns weiterzuentwickeln. Denn eines ist klar: »Altern gelingt nicht von allein.«

Viktor Frankls *Dritte Wiener Richtung für Psychotherapie* erklärt weniger die Ursachen von Erkrankungen und Leiden, sondern findet Gründe zu einem sinnvollen Weiterleben. Die ›Methode‹ ist – entsprechend der Herleitung aus dem Griechischen – als ›Weg‹ zu bezeichnen: den Weg des Sinns finden, um im Leben Erfüllung zu erfahren. Sinnfindung hat mit zeitlichen Abschnitten zu tun. Es ist ein Weg zu beschreiten, der sicher irgendwann in der Zukunft endet. Der Weg wird zu einer Episode durch Verabschieden. Sie wird abgeschlossen und in die Vergangenheit gerettet, um im Anschluss daran eine neue Episode mit Sinn zu entdecken.

Was hält den Menschen gesund, was lässt ihn trotz leiblicher Beeinträchtigungen und anderer Wehklagen im Alter nicht den Mut verlieren und positiv gestimmt weiterleben? Wir fragen hier nicht nach den Ursachen von Fehlentwicklungen in der Gesellschaft und den Auswirkungen auf uns, sondern entwickeln ein Konzept, dauerhaft Sinn im Leben zu finden. Menschen in der zweiten Lebenshälfte haben einen anderen Zugang zum aktuellen Leben als junge Menschen. Einerseits können sie auf beträchtliche Lebenserfahrung zurückblicken, andererseits aufgrund ihrer erlebten Erfahrungen hellsichtiger werden, schneller ›Sackgassen‹ erkennen und nicht jeder Mode verfallen. Jacob Grimm hat auf eine seltsame Paradoxie hingewiesen, wenn er feststellt: »Es liegt ein Widerspruch darin, dass, während alle Menschen alt zu werden wünschen, sie doch nicht alt sein wollen.« Je älter wir werden, desto mehr interessiert es uns, die Gesundheit zu erhalten beziehungsweise trotz Einschränkungen ein vernünftiges Leben führen zu können. Wesentliches wird besser erkannt und für das Leben wichtiger, Unwesentliches leichter von Wesentlichem getrennt. Über den Sinn der gegenwärtigen Wirtschaftslage diskutierend brachte es ein Unternehmer auf den Punkt: »Wenn ich fünf Minuten vor meinem Tod noch daran denke, was ich alles verlieren kann, habe ich falsch gelebt. Ist es wirklich wichtig, ein großes Auto zu fahren, eine Jacht zu haben oder in der besten Gegend zu wohnen? Es zählen im Leben doch nur Werte und Sinnerfüllung – diese kann ich nicht verlieren.«

Letztendlich zählt nicht das Wissen um die negativen Einflüsse und Risikofaktoren auf unser Leben, seien es Krankheiten, Schicksalsschläge oder anderes Leid, sondern es geht um das Wissen zur Stabilisierung unseres Lebens. Über die Medien erhalten wir täglich Informationen über Katastrophen, Unfälle, neue Krankheiten und Seuchen, böse Schicksale und Epidemien – das Wissen um das Risiko Leben ist vorhanden. Doch es geht um die Erhaltung einer relativen Gesundheit, um die Frage, wie ich gesund bleibe trotz negativer Einflüsse, wie ich in meinem Leben Sinn finde trotz der oft gefühlten Sinnlosigkeit im Dasein, beziehungsweise, wie ich motiviert bleibe trotz der Trostlosigkeit im Beruf und wie ich Sinn finde, wenn er mir genommen wird.

9

Frau – Mann – Sprache

Wenn wir auf den kommenden Seiten oft den Begriff ›Mensch‹ verwenden, wollen wir selbstverständlich die weibliche Seite der Gesellschaft keineswegs ausschließen. Die mittelhochdeutsche Ableitung des Begriffs bezeichnet den ›Mann‹ als Mensch. Zumindest ab dem 17. Jahrhundert wird damit auch die weibliche Seite charakterisiert, allerdings eingeschränkt auf den weiblichen Dienstboten in Süddeutschland. Wir wollen hier den Begriff ausschließlich für Frau *und* Mann verstanden wissen, trotz der Erkenntnis, dass mehr Frauen ihren Körper und Geist pflegen als der Mann mit seinem ›Mannsbild‹. Wir versuchen, unabhängig für beide Geschlechter zu sprechen. Die ›Wir-Form‹ des Schreibers ist der Tatsache seiner österreichischen Herkunft geschuldet und soll zum Ausdruck bringen, dass die Gedanken zwar einem Kopf entsprungen sind, aber das Leben, die Gesellschaft jene Autoren sind, welche die Geschichten des Lebens schreiben. Daran sind unzählige Menschen beteiligt. Wir haben nur beobachtet und zugehört. Die Wir-Form assoziiert daneben auch eine Nähe zu den anderen Menschen durch die Reduzierung von sich selbst. Das ›Ich‹ wird in der Gesellschaft mit dem ›Du‹ zum ›Wir‹ geformt. Wenn der Österreicher einen Menschen fragt, wie es ihm geht, obwohl er genau weiß, dass es ihm schlecht geht, fragt er: Wie geht es *uns* denn? Dieses Signal der Gemeinsamkeit und der Teilung von Leid mündet gern in Geselligkeit und macht Probleme vergessen. Sinnfindung im Leben ist nicht nur eine ernst zu nehmende Angelegenheit, Sinnfindung hat auch mit Gemeinschaft zu tun, Humor und Geselligkeit dürfen selbstverständlich nicht zu kurz kommen.

Das vorliegende Buch ist meinen beiden Kindern Isabella und Sebastian gewidmet, mit dem Wunsch, dass auch sie in der zweiten Lebenshälfte sinnerfüllt und zufrieden auf ihr Leben blicken können. Besonderer Dank gilt der Frau an meiner Seite, Ingeborg, die viele Abende in Entbehrung der Zweisamkeit mit mir zubringen musste, aber dadurch mithalf, eine für mich sinnvolle Aufgabe zu bewältigen.

WAS BEDEUTET ALTERN?

Es beginnt mit einer Krise

Stellen wir uns den Zeitablauf des Menschen von der Geburt bis zu seinem Tode vor, könnten wir annehmen, wir durchschreiten einen Halbbogen im Ablauf unseres Lebens. Mit der Geburt, mit dem Eintritt in unser Leben beginnt durch Erziehung und Lernen, körperliches Wachsen und psychisches und geistiges Reifen ein generelles Wachstum bis zum körperlichen Zenit, der, wie es die Medizin definiert, um den dreißigsten Geburtstag liegt. Wir können die Leitsterne der Fitness, der Schönheit, der Leistungsstärke, der Produktivität und des Erfolges leben, wir drücken unsere Haltungen selbstsicher und überzeugend in der Gesellschaft aus. Verbesserte Hygienestandards, Ess- und Lebensgewohnheiten lassen uns länger leben, die körperliche Vereinfachung der Arbeit verbessert die Chance, keine erheblichen Verletzungen oder tödliche Betriebsunfälle zu erleiden. Die moderne Medizin repariert den Menschen beinahe in jeder Hinsicht und ein heute 50-Jähriger hat in der Regel das Gesundheitsprofil eines 40-Jährigen.

Wir können zwar durch körperliche und geistige Aktivitäten den körperlichen und psychischen Verfall verlangsamen, auch verzögern, aber die Kreise, die der Mensch in seinem Leben zieht, werden unwiderruflich kleiner. Der Kreis der körperlichen Beweglichkeit, der Kreis, in dem wir uns bewegen, wird kleiner und der Tod, als die zweite Stunde null, setzt das Zeichen für das Ende des Lebens. Dazwischen gibt es einen Lebenszenit, der erfüllt ist von Vitalität, Kraft und Lebensmut, der bestimmt ist von Aktivität, Lebenszuversicht und positiver Ausstrahlung, Kindererziehung, beruflicher Entwicklung und Lebenserfolg. Die Motivation des Aufbaus, des Vorankommens und Entwickelns seines Lebens sind jene Quellen, aus denen die Menschen beinahe unerschöpflich ihre Kräfte ziehen.

Aber es kommen Momente, an denen realisiert wird, dass die

Lebenskräfte endlich sind und wir nur durch kleine Erholungsphasen unsere Kräfte wiedererlangen können. Die Erwägung, auf dem Zenit seines Lebens zu stehen, ist noch weit entfernt. Die Gedanken an das Älterwerden können noch abgeschüttelt werden, trotzdem werden die ›kleinen Teufelchen‹ den Menschen verfolgen, einholen und ihn erkennen lassen, dass sich etwas zu verändern beginnt. Die ersten Falten um die Augen erscheinen und der Friseur schneidet zum ersten Mal dem Mann die Augenbrauen. Es ändert sich etwas. Die Figur der Frau verändert sich, der kleine Bauch lässt sich nicht mehr wegtrainieren und wenn der Mann im Sommer auf der Kopfhaut seinen ersten Sonnenbrand spürt, weiß er: Die Haare verschwinden. Das Wort ›Krise‹, aus dem griechischen Sprachgebrauch übernommen, bedeutet ›trennen, unterscheiden‹. Es beginnt der Zeitraum des Trennens, das Ablösen von dem Gefühl, zu einer jung gebliebenen Gesellschaft zu gehören. Eine Krise der Lebensmitte kann sich auch mit dem Gefühl einstellen, mit »seinem Alter ein Problem zu haben«. Wir spüren, dass wir uns aus einem Altersabschnitt lösen, aber wir wissen nicht, was der neue Abschnitt bringt. Dies hat mit Schwellenangst zu tun, ein sicheres Terrain zu verlassen und einen neuen ungewissen Boden zu betreten. Ein Zeitabschnitt verändert sich, er neigt sich dem Ende zu – aber ein neuer beginnt.

Die Generation des ›Nicht-mehr‹, wie die Theologin Schneider-Flume jene Generation bezeichnet, ist aus dem produktiven Arbeitsleben ausgeschieden. Spätestens nach dem Abschied aus dem Berufsleben wird die Lebenskurve nicht mehr wachsen, wird nicht mehr alles größer und besser werden. Die Kreise der Aktivitäten werden kleiner, die Gesundheit eingeschränkt, das Einkommen reduziert und die Wohnung in vielen Fällen eigentlich zu groß für den kommenden Lebensabschnitt. War die eine Hälfte des Lebens dem Wachstum gewidmet, wird die zweite Hälfte des Lebens dem Kleiner-Werden und dem Reduzieren gewidmet.

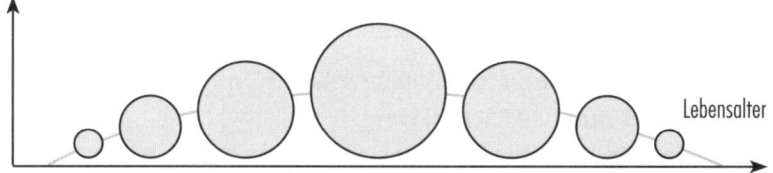

AKTIONSRADIUS UNSERES LEBENS

Lebensalter

Die oben beschriebene Lebenskurve ist das Zeugnis des Erlebens unserer Umwelt, der Möglichkeit, diese zu verändern und zu gestalten. Den zweiten Teil der Lebenskurve charakterisiert das Loslassen. Sind wir im ersten Lebensabschnitt davon überzeugt, die gesamte Welt verändern zu können, werden wir mit Bedauern feststellen, dass uns dies in der zweiten Lebenshälfte maximal mit uns selbst gelingt. Aber auch diese eigene Veränderung und persönliche Weiterentwicklung erfolgt oft unter dem Druck von außen, durch Schicksalsschläge oder nicht zu verändernde Tatsachen, wie Stillstand in der beruflichen Entwicklung, Pensionierung oder Krankheit. Die Lebenskurve beschreibt also Ereignisse und Möglichkeiten sowie auch Umstände, die unsere Gesundheit in körperlicher und seelischer Dimension betreffen. Wohlbefinden, Leistungsfähigkeit, Vitalität und Anmut des Körpers sind Bestandteile unserer positiven Empfindungen, die auch einem Alterungsprozess in Form von Veränderung und Reduzierung des Erlebens unterliegen. Aber sind wirklich alle Dimensionen unseres Daseins, unseres Lebens der Reduzierung und einem Alterungsprozess unterworfen, wie die körperliche und seelische Dimension? Gibt es ein Modell des Alterns, welches nicht die Reduzierung und Rücknahme, den Abbau des Lebens in den Vordergrund stellt, sondern im Gegensatz dazu ein kontinuierliches Wachstum in den Mittelpunkt der Lebenskurve stellt und somit den Menschen mit einem dauerhaften Werden charakterisiert?

Wenn wir einen Blick auf die Statistik der aktuellen Suizidrate in Deutschland werfen, fällt der rasante Anstieg der Rate von

Selbsttötung ab dem 70. Lebenjahr auf. Die Gründe dafür sind unter anderem:

- Furcht vor schwerer Krankheit / Schmerzen
- schwere Krankheit / Schmerzen
- als ausweglos erlebtes Unglück
- Scham
- verletzte Ehre
- als erniedrigend empfundener Todeskampf
- verlorene Freiheit
- enttäuschte Liebe
- Eifersucht
- Einsamkeit und Isolation
- Tod eines nahen Menschen
- Armut
- seelisches Leid
- psychische Erkrankung
- höherer Bildungsstand

Die Suizidrate steigt mit dem Lebensalter an. Während die Suizidrate bei jungen Menschen vergleichsweise niedrig ist, steigt sie besonders bei Männern ab dem 70. Lebensjahr erheblich an. Durch die relativ geringe Suizidrate bei jungen Frauen gewinnt die Anzahl der Suizide älterer Frauen an Gewicht: Jede zweite Frau, die einen Suizid begeht, ist älter als 60 Jahre.

Die angeführten Punkte sind ›Ursachen‹ für die Selbsttötung. Alle Ursachen beziehen sich auf den Umstand eines untergegangenen Empfindungslebens oder eines bedrohten Lebensabschnitts. Sie beschreiben extreme psychische Belastungen und fordern eigentlich dazu auf, einen Selbstorganisations- und Anpassungsprozess einzuschalten. Diese erheblichen Stress-Situationen führen in der negativen und aussichtslosen Bewertung leider auch zu der Entscheidung von Selbsttötung. Wenn Menschen ›Gründe‹ zu einer Annahme der neuen Lebenssituation sehen,

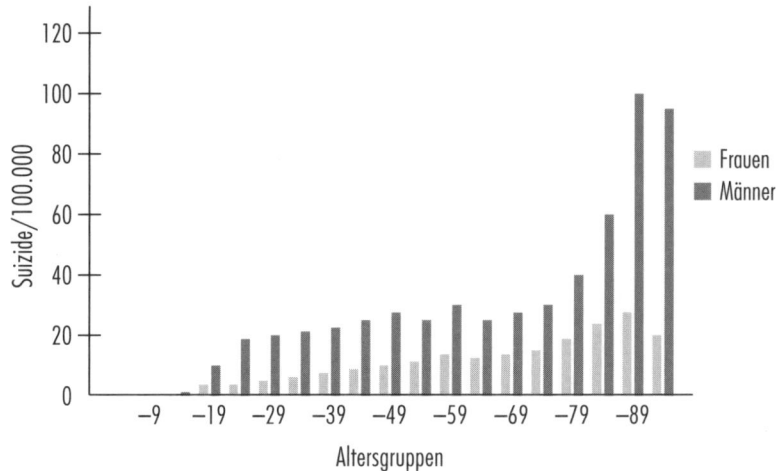

ALTERSVERTEILUNG DER SUIZIDE (Anzahl/pro 100.000 Einwohner)

Suizide/100.000

Altersgruppen

Frauen
Männer

wenn sie darin ein sinnvolles Leben erkennen, können die oben angeführten Ursachen getragen werden. Das Risiko der Veränderung kann als Chance genutzt und in Form von Leistung in das weitere Leben integriert beziehungsweise die Not in eine heroische Leistung gewendet werden. Die *Logotherapie* und *Existenzanalyse* als *Dritte Wiener Richtung für Psychotherapie* verwendet ein offenes Modell, um das menschliche Potenzial zu erhöhen und zu stärken. Ihr Ideal ist, den Menschen in der Sinnfindung zu helfen, um schwierige Situationen im Leben leichter zu ertragen, oder mit anderen Worten: Sinnerfüllung gegen Sinnleere (Defizit). Es ist auch ein Konfliktmodell in der Art, dass Krisen über die Beantwortung der Frage nach Sinn und Werten gelöst und über diese Ebene einer dauerhaften Lösung zugeführt werden. Logotherapeutische Techniken und Gedanken stärken das Ich und helfen so, auch nicht zu lösende Konflikte leichter zu tragen.

In diesem Bewältigungsprozess spielt die Grundannahme Frankls, dass der Mensch Sinn in seinem Leben erfüllen möchte, eine entscheidende Rolle und Kraft. Sinn kann in jeder Lebenssituation gefunden werden und ist ein stabilisierendes Element im Leben jedes Menschen. Wenn in einer Belastung sinnvoll Stellung bezogen werden kann, wendet sich die Bedrohung in eine Herausforderung und aus Ohnmacht wächst der Wille zu Veränderung, sich der neuen Lebenssituation zu stellen. Sinn kann Verzweiflung, Ohnmacht, Angst, Resignation, Kraftlosigkeit, Einengung, Aussichtslosigkeit wandeln in Zuversicht, Wille, Herausforderung, Kraft und den Menschen zurück in ein agierendes Wesen versetzen.

ALTERN WIR NUR ODER REIFEN WIR AUCH?

In der ersten Lebenshälfte wird entwickelt, aufgebaut und konsumiert. Wir sind Verbraucher, werden geschützt durch Verbraucherorganisationen und leben oft, wenn keine Schicksalsschläge uns treffen, wie eine ›Lebensverdauungsmaschine‹. Der Philosoph und Schriftsteller Emil Lucka hat treffend beschrieben, wie wir die Lebendigkeit daran ermessen, wann der Mensch zu erstarren und ein Spezialist zu werden beginnt, ein Spezialist des Fühlens, des Wissens, der Meinungen, der Lebensform, des Lebens. Ein Politiker legt auf jedes Ereignis die Schablone seiner Partei, der Geistliche sieht es nur aus der Perspektive seiner eigenen Kirche, der Psychiater aus der Sicht der Verhaltensabnormitäten. Alles Lebendige wird in die eigene Schablone gepresst und mit den eigenen Worten und Gedanken versehen. Durch die Routine des Lebens geprägt, besteht die Gefahr von seelischer Einkapselung, vom Ende eines inneren Wachstums. Der Gipfel des Lebens scheint erreicht zu sein. Solche Lebensformen können sehr beeindruckend sein in ihrer Stabilität und Geschlossenheit, aber sie bedeuten doch Hemmnisse in der natürlichen seelischen Entwicklung und geistigen Entfaltung. Gerade Ereignisse wie Schicksalsschläge, schwere Krankheit, plötzlicher Tod eines nahen Angehörigen, Arbeitslosigkeit, beruflicher Stillstand oder Schuldhaftigkeit zeigen dann das Feld der eigenen Freiheit und die großen Möglichkeiten einer weiteren persönlichen Entwicklung auf, die nicht mehr im Äußeren stattfindet, sondern in einer inneren Stärkung und Reifung des Urvertrauens. Insbesondere die Frage nach dem Sinn des Lebens stellt sich zu diesem Zeitpunkt. Der Unternehmer im eingangs erwähnten Beispiel erkannte den richtigen Weg in der inneren Reifung.

Weiß der Jugendliche aus Beobachtung, dass er als Lebewesen sterben muss, so ist für die Jugend doch der Tod als solches noch kein erlebter Begriff, mit dem sie sich auseinanderzusetzen hat. Auf einmal, vielleicht durch eine Krankheit oder den Tod eines nahen Schulfreundes oder Verwandten ausgelöst, ist das neue Gefühl da, seine eigene Endlichkeit zu spüren, selbst mit der Vergänglichkeit leben zu müssen. Emil Lucka dazu: »Vielleicht darf man sagen, dass der erste Gedanke an den eigenen Tod am letzten Tag der Jugend gefasst wird.« Der Jugendliche begreift eine neue Dimension in seinem Leben, und je älter er wird, desto mehr wird er auch seine Vergänglichkeit spüren und letztendlich im hohen Alter eine gewisse Einsamkeit erleben. Es ist die Einsamkeit der Menschen, die durch Gnade länger leben als ihre Bekannten und Verwandten und feststellen, dass in ihrem Alter kaum noch jemand da ist, den sie aus ihrer Vergangenheit kennen.

Es sind natürlich nur Möglichkeiten und Chancen für eine Reifung und Weiterentwicklung, die Menschen ergreifen können. Jede endgültige Form von Entwicklung ist Versteinerung und gleicht einem inneren Absterben des Menschen.

Erwartungen und Enttäuschungen

Das Beharren auf einer Lebensstufe, in welcher Höhe auch immer, führt dazu, dass wir Menschen beginnen, zu werten, zu vergleichen und über die Stufen der eigenen Entwicklung nachzudenken: Habe ich die imaginierte Endstufe schon erreicht oder muss ich noch etwas in meinem Leben erreichen, um auf eine höhere Ebene zu gelangen, um besser und größer zu sein, als ich jetzt bin? Als

Mensch zu versteinern oder auf einer Lebensstufe zu verharren, gleicht einem Fachmann, der in der glücklich eroberten Ecke der Gesellschaft festsitzt und von dieser Ecke aus die Welt beurteilt. In unserer Gesellschaft wird alles dem Vergleich unterzogen. Es ist modern, ›Rankings‹ zu allen Lebensbereichen zu erstellen: Einkommen, Wohnungsgröße, Menschentypen, Leistung von Autos, Qualität von Universitäten und Schulen, Unternehmen, Bürogröße, Image, Schönheit. Es gibt beinahe nichts, was nicht verglichen wird. Vergleiche können motivieren, aber auch dazu verführen, sich den Vergleichen ohne Weiteres unterzuordnen. Vergleichen heißt aber auch bewerten, also innerhalb von Vergleichskriterien für ein Besser und Schlechter, für ein Höher und Tiefer zu stimmen. Wer sein Leben als einen Entwicklungsprozess bis hin zu Reife und Integrität sieht, wird sich je nach Stufenentwicklung mit seinen Mitmenschen vergleichen wollen. Wie sieht es aber aus, wenn ein Vergleich zulasten der eigenen Person ausgeht, wenn erkannt wird, eben nicht all jene Dinge des Lebens erreicht zu haben, die zu einem scheinbar normalen Leben gehören? Wie sieht es aus, wenn die Person erkennt, durch Krankheit oder fehlenden Berufserfolg auf einer scheinbaren Messleiter des Erfolgs stecken geblieben zu sein? Wie sieht es aus, wenn der Wunsch nach Kindern nicht erfüllt wurde, die Ehe in die Brüche ging oder die Einsamkeit an uns nagt?

LEBENSBILANZ 1

Haben-Seite	Soll-Seite
Alles erfahrene Leid:	Alles nicht erfahrene Glück:
– Beruf	– Fehlende Möglichkeiten von Veränderung
– Partnerbeziehung	– Falsche Partnerwahl
– Krankheit	– Fehlende Gesundheit

Der prinzipielle Unterschied zwischen Älterwerden und Reifen ist kein Unterschied zwischen mehr oder weniger können, leisten oder haben, wie alt unsere Zellen zum Beispiel sind, sondern ein anderer:

Der Mensch mit der Lebensbilanz 1 nimmt aus einer fixierten vergangenheitsorientierten Position das kommende Leben in sich auf, vermag es aber nicht für sich selbst zu wandeln, zu gestalten und zu formen. Das Vergleichen mit der scheinbar so erfolgreichen Gesellschaft ist evident. Was habe ich nicht erhalten, was mir eigentlich zustand, und was habe ich verloren, was mir ebenso zustand? Im Vordergrund stehen auch nicht erreichte Ziele und unkontrollierbare Belastungen. Auf der Soll-Seite stehen alle Erwartungshaltungen, alle scheinbaren Selbstverständlichkeiten, die unser Leben versüßen sollten. Erwartungshaltungen bringen uns aber im Leben nicht weiter, sie führen zu Enttäuschungen, wenn die Erwartungen nicht so eintreffen wie gewünscht, und zu passiver Grundhaltung. Die Lebensbilanz 1 verhindert die Essenzen, die Extrakte beziehungsweise das Wesen des Lebens herauszudestillieren, nämlich die Forderungen und Anforderungen zu erkennen, um das Leben ›aktiv‹ auf Sinn auszurichten.

Die eigene Entscheidungsschwäche und Hinfälligkeit wird gern in die Gesellschaft verschoben. Der Verbraucher reagiert verstört, wenn der Konsum des Lebens nicht mehr so funktioniert, wie er erwartet und erhofft wurde. Da das Leben ein Verdauungsprozess des Angenehmen sein soll, wird die Realität möglichst ausgeblendet und das eigene Leben zur absoluten Wirklichkeit erhoben. Materielle Werte werden überbetont beziehungsweise es entwickeln sich eine starke Egozentrierung und ein Argwohn gegenüber Menschen, die anders oder besser sind als die betreffende Person selbst. Es sind stabile Abwehrmechanismen, die unsere Konsumgesellschaft großzügig anbietet, um den Verdauungsprozess am Laufen zu halten: Wir leben in einer Spaß- und Schnäppchengesellschaft, die Werbung signalisiert und lädt uns dazu ein, ohne Umwege direkt das Glück zu kaufen durch den Erwerb von

Produkten. Es ist eine konstruierte Welt mit eigener Wirklichkeit, denn sonst ist es nicht zu erklären, warum noch immer auf Anlageberatungen hereingefallen wird, in denen mit 15 % und mehr Rendite geworben wird, und keiner die hohen Risiken sehen möchte. Es ist eine neurotische Wirklichkeit. Der Konsum wird als Mittel zur Abwehr eingesetzt, um seine inneren Konflikte und Vermeidungshaltungen zu beherrschen: ein dauerhafter Konsum des sich günstig anbietenden Lebens. Es ist der Grund, warum der reale Stoff des Lebens mit allen seinen Chancen und Möglichkeiten einer Entwicklung verloren gehen kann. Denn was er sich niemals ganz und gar zu eigen gemacht hat, wird den Menschen nicht verändern, fordern und fördern.

Eine Abwandlung der Lebensbilanz 1 wurde durch die Gedächtnisforschungen bei älteren Menschen entdeckt. Es gibt eine seltsame Diskrepanz, bei Erinnerungen die schönsten und glücklichsten Momente eines Lebens mit großer Wahrscheinlichkeit in der Jugend anzusetzen und die traurigsten Erinnerungen in der nahen Vergangenheit zu sehen. Nicht weniger als 1242 Dänen im Alter zwischen 20 und 93 Jahren wurden in einem Interview gebeten, die traurigsten, die glücklichsten und die wichtigsten Erinnerungen zu nennen und zu notieren, wie alt sie zu jenem Zeitpunkt waren. Die glücklichsten Erinnerungen folgen dem sogenannten Reminiszenzhöcker. Wenn ältere Menschen über ihr Leben berichten und schreiben, kann die Fülle aller Erinnerungen in einer Kurve festgehalten werden. Die ersten wenigen Erinnerungen beginnen mit zirka drei bis vier Jahren und die Kurve steigt kontinuierlich bis zum 25. Lebensjahr an, um dann wieder zu sinken. Die meisten Erinnerungen an unser zurückliegendes Leben haben wir beginnend etwa ab dem 17. Lebensjahr bis etwa zum 25. Lebensjahr, den ›Reminiszenzhöcker‹. Wer 50 Jahre alt ist und zehn Jahre auf sein 40. Lebensjahr zurückblickt, hat für diesen Zeitraum geringere Erinnerungen als für den Zeitraum um das 20. Lebensjahr. Der Reminiszenzhöcker kann bisher noch nicht schlüssig erklärt werden.[1]

Wenn wir dieser Erinnerungskurve folgen, wird eine sinnvolle Lebensbilanz mit einem positiven Ausblick durch die Überbetonung der frühen ›schönen‹ Erwachsenenzeit und die wenigen positiven Erinnerungen der näheren Vergangenheit und zu guter Letzt die Gesamtschau eingetrübt. Wie nun die Bilanz aussieht, hängt also von der Dominanz von Wehmut, Bedauern, Verzweiflung, Ärger und Einsicht in der Gegenwart ab. Je näher wir zur Gegenwart rücken, desto mehr Wissen um Fehlentwicklungen der Gesellschaft und Anzeichen unseres körperlichen Verfalls trüben einen positiven Blick ein. Es fällt der Satz: »Alles war früher besser.« Aber unser Leben gelingt nur, so Anselm Grün, wenn wir uns mit allem annehmen, mit dem Gelingen und mit dem Versagen. Spätestens jetzt sollten wir das falsche Denkmuster erkennen und uns vom Resultat dieser Lebensbilanz abwenden, da uns die Leistungen des Gehirns einen gehörigen Streich spielen. Schon in gesellschaftskritischen Büchern in den 1920er-Jahren wurde darauf verwiesen, dass eben nicht alles besser war unter dem Kaiser.

Das Leben ist eine Einheit

Die Lebensbilanz als Resultat der Erinnerungskurve entspricht allen Mythen, sei es griechischer oder biblischer Herkunft. Was für die Bibel das Paradies war, stellt für die Griechen das ›Goldene Zeitalter‹ dar. Der griechische Mythos besagt, dass seit dem ›Goldenen Zeitalter‹ die Menschheitsgeschichte ein fortwährender Abstieg ist und das Menschengeschlecht noch nie so schlecht war wie heute. Der Dichter Hesiod, einer der großen Mythenerzähler, berichtete über die Weltalter, demzufolge wir heute im ›Eisernen Zeitalter‹ leben. Es ist also keine neue Erkenntnis, dass die Vergangenheit angeblich besser war als die Gegenwart.

Diese Lebensbilanz kann auch als positiver, erkenntnisbringender Entwicklungsgang gesehen werden. Wenn wir dem Reminiszenzhöcker folgend unsere Erinnerungen ordnen und die als schön erlebten Ereignisse um das 25. Lebensjahr liegen, können diese positiven Bilder auch in der Gegenwart wirken. Wenn wir heute keine positiven Leitbilder haben oder produzieren können, sind wir immerhin in der Lage, unsere alten Bilder aus der Vergangenheit zu reproduzieren und in der Gegenwart als Erinnerung wirken zu lassen. Die Aktivierung alter innerer Bilder, entweder in Form der frühen schönen Jugenderfahrungen oder in Form von gut bewältigten Problemen, lenkt und beeinflusst positiv die Stimmungslage in der Gegenwart.

Die Gefahr von Stufenmodellen einer Lebensentwicklung liegt im Fokussieren des Nichterreichten und darin, dies in die eigene Lebensbilanz zu integrieren. Das Nichterreichte im derzeitigen Leben belastet den Menschen genauso wie das Vergleichen zwischen Menschen. Letztendlich führt beides zu nichts. Es gibt keine bösen Menschen, es gibt auch keine Handlungstypen von Menschen oder Kategorien von bestimmten Handlungsmustern. Unsere Gedanken hier befassen sich ausschließlich mit der Grundannahme, dass jeder Mensch in seinem eigenen Leben Sinn finden kann, unabhängig von der bisherigen Lebenserfahrung und Einstellung zum Leben. Diesen Sinn findet er in seiner eigenen Freiheit. Kein Mensch wird als böser Mensch geboren, als Mensch, der ohne Sinn in seinem Leben auskommen muss. Bis zuletzt steckt in uns selbst die Chance, Sinn zu finden, Sinn zu verwirklichen und den Rest seines Lebens zufrieden zu sein.

In der Lebensbilanz 1 wird die Vergangenheit allzu oft einerseits verklärt, und andererseits seine eigene Habenseite als negativ betrachtet. Alles erfahrene Leid und Nichterreichte trägt nämlich dazu bei, jetzt in der Gegenwart nicht die Möglichkeit zu einem geruhsamen und hoffnungsvollen Leben zu sehen und umzusetzen. Das Leben lief bisher schlecht, warum soll es jetzt besser werden? Die Vergangenheit spielt dann auch mit ihren abgeschlossenen Ereignissen in der Gegenwart eine nicht zu unterschätzende Rolle. Die Psychotherapeutin Elisabeth Lukas sieht hier folgende Einstellungen im Vordergrund:

- die Enttäuschung gegenüber der eigenen Lebensleistung
- der Eindruck, das Leben nicht genügend genutzt zu haben
- das Empfinden, daran nichts mehr ändern zu können – eine insgesamt negative Lebensbilanz mit der Folge von
- Resignation
- depressive, mürrische, eigensinnige Stimmungslage
- aggressive Einstellungen und Aversionen gegen Neues
- Überhöhung und Verherrlichung Vergangenem gegenüber

Älterwerden ist ein zu akzeptierendes, aber herausforderndes Schicksal. Es fordert uns zur Stellungnahme auf. Das Bezeichnende des ›reifen Alterns‹, wie wir es hier nunmehr nennen wollen, ist, sein eigenes Menschenleben allmählich zu einer Einheit, zu einer Ganzheit zu formen, aber nicht über das Durchleben einzelner Lebensstufen als Verdauungsprozess, sondern im Integrieren des Vergangenen und Erfahrenen hin zu einer Einheit. Das Durchleben von einzelnen Lebensstufen soll nicht zu einem Vergessen, Aussortieren und Fremdgeworden-Sein werden oder zu einem Festhalten, zu einem Unveränderlich-Starrem, sondern vielmehr als Chance zu Weiterentwicklung und Neuem werden. Die vergangene Lebensentwicklung ist keine treppenförmige Entwicklung, kein mehr oder weniger, höher oder tiefer Stehen im Leben. So schreibt Emil Lucka: »Vielmehr erwächst eine Lebenseinheit, die alles Vergangene in sich trägt, nicht als ein Unveränderlich-Starres, sondern sich stetig verändernd und mit dem Neuen Neues zeugend.«

Vom Nichts bedroht

Wie steht es um einen Menschen, der seine Lebensbilanz so zieht, wie die oben angeführte Bilanz aussehen könnte? In der Vergangenheit vieles versäumt, mit zu wenig erwartetem Glück gesegnet, dem Spielball von Schicksalsmächten ausgesetzt und in die Zukunft blickend vor einem Nichts zu stehen. Diese Lebensbilanz wird den Menschen belasten und ihm den Blick auf Neues, Aufbauendes, Vorwärtsbringendes und Wärmendes nehmen. Dieser Mensch wird leiden und sicherlich auch die Frage nach dem Wozu seines weiteren Lebens stellen. Viktor Frankl, dem Begründer der sinnorientierten Psychotherapie, der Logotherapie und Existenz-analyse, ist es gelungen, ein Lebenskonzept zu entwickeln für Menschen, die auf der Suche nach Sinn in ihrem Leben und, wie unser Beispiel es zeigt, frustriert und letztendlich zu leidenden Menschen geworden sind.

Die Zukunft ist nichts und die Vergangenheit ist ebenso nichts. Und der Mensch steht dann da als ein Wesen, das aus dem Nichts kommt und ins Nichts geht – aus dem Nichts geboren, ins Sein ›geworfen‹, vom Nichts bedroht. Wahrlich, ein adeliges Wesen ist der Mensch in diesem Aspekt: ein ›von und zu‹ – von nichts zu nichts.[2]

Die Chance der Neubewertung

Menschen, die ihre Vergangenheit als einen verlorenen Teil ihres Lebens ansehen, als einen Teil des nicht mehr Erreichbaren oder des dauerhaft Untergegangenen, werden diese Vergangenheit als ein Nichts oder als eine Belastung für die Gegenwart sehen. Sie werden Schwierigkeiten damit haben, aus einem scheinbaren Nichts wieder etwas zu formen und Möglichkeiten für ein besseres Leben zu erkennen. Auch fehlt oft die motivierende und hoffnungsgebende Kraft für eine Veränderung, oder eine depressive Verstimmung versperrt die Sicht auf Neues, auf eine Zukunft mit positiven Vorstellungen. Wir sind nicht krank beim Ringen um eine sinnvolle Zukunft, es ist Ausdruck des menschlichen Daseins, Sinn im eigenen Leben erkennen und umsetzen zu wollen. Lebensbrüche, Abgründe, Fehler und auch die schöne Vergangenheit sind ein Kontinuum, sind eine einheitsstiftende Kraft im eigenen Leben. Das Leben ist dann wie eine aus weichem Ton geformte Figur, die sich durch die Person selbst im Laufe der Zeit verändert und formt.

Die gesamte Vergangenheit eines Menschen kann auch anders

gesehen werden, als Erfahrenes, als ein Stoff oder Ton, mit dem der Mensch sich zu einer Einheit, zu einem vollkommenen Menschen trotz negativer Vergangenheit weiterentwickelt.

Die Weiterentwicklung der mit der Gefahr zu Bitterkeit und Depression neigenden ersten Lebensbilanz stellt die Schau auf das Sollen, auf die Zukunft dar: »Und auch das Soll darf nicht bloß den eigenen Anspruch ans Leben beinhalten, sondern muss im Zusammenhang gesehen werden mit dem Auftrag, das Bestmögliche aus diesem Leben zu machen«, so Elisabeth Lukas.

LEBENSBILANZ 2	
Sein-Seite	Soll-Seite
Alles bisher Verwirklichte	Alles noch zu Verwirklichende
Negatives und Positives	Sinn und Werte

Im Unterschied zu der ersten Lebensbilanz fehlt das ›Haben‹, das Messen und Vergleichen mit anderen, mit der Gesellschaft. Auf der Sein-Seite können folgende Themen stehen:

– Ich habe zwar nicht den optimalen Partner für mein Leben gewählt, aber *trotzdem* ganz liebe Kinder bekommen.
– Obwohl es keine Liebesbeziehung ist, hält meine Partnerschaft *trotzdem* schon seit über 30 Jahren.
– Die Krebserkrankung hat mich gelehrt, andere Prioritäten im Leben zu setzen. Jetzt genieße ich das Leben *trotzdem*, ganz anders und tiefer.
– Ich habe in meinem Leben wenig Geld verdient, aber *trotzdem* meine Arbeit als Beruf gesehen.
– Seine Sekretärin hat mein Leben und meine Ehe zerstört. Ohne Mann habe ich *trotzdem* viele Reisen und schöne Erlebnisse machen können.

- Ich habe durch die frühe Trennung meiner Eltern nie Wärme und Geborgenheit erfahren. Ich habe versucht, meinen Kindern *trotzdem* Nestwärme und Liebe zu geben.
- Ich hatte eine trostlose Vergangenheit und *trotzdem* hat sie keine Macht über mich.

So oder ähnlich kann eine andere Sichtweise die Vergangenheit neu ›bewerten‹, also mit ›Werten‹ versehen und für die Person, auch bei nicht optimal verlaufener Vergangenheit, ›wertvoll‹ machen. In jeder Niederlage steckt auch ein Neuanfang, eine günstige Gelegenheit, zu korrigieren, was es noch zu verändern gibt. Es ist eine Tatsache, dass die Vergangenheit eines Menschen niemals komplett negativ ist.

- War wirklich ALLES so schlecht, wie ich es jetzt fühle?
- Fühle ich mich jetzt schlecht aufgrund gegenwärtiger Einflüsse?

Allein das Aushalten einer scheinbar so schlechten Vergangenheit ist ein Wert an sich, eben sein bisheriges Leben nicht aufgegeben zu haben. Auf der Soll-Seite steht bei Überlegung über die eigene Zukunft nicht das verloren gegangene Glück aus der Vergangenheit, die nicht zu erreichenden Höhepunkte für das weitere Leben, sondern alles noch zu Verwirklichende, alle Möglichkeiten und Lebensbereiche, die noch entdeckt werden können. Wir lenken den Blick aus der Vergangenheit und Gegenwart hinüber in den großen Raum von Chancen und tragen so zu einer Wandlung und Veränderung unserer eigenen Wirklichkeit bei. Auch wenn wir älter werden, eines bleibt immer bestehen: Aus dem Raum der Möglichkeiten unserer Zukunft jene Werte herausgreifen, die uns sinnvoll erscheinen, diese zu verwirklichen, in die Wirklichkeit umzusetzen.

Auf der Soll-Seite können folgende Inhalte stehen:

- Früher war ich leitender Angestellter und heute putze ich die Kartoffeln in der Küche. Möglichkeit: Die frühere Kreativität könnte ich gut beim Kochen einbringen und so etwas Neues lernen.
- Meine Arbeit gefällt mir überhaupt nicht, aber ich möchte, dass es meinen Kindern einmal besser geht. Ich trage daher mein Schicksal.
- Hätte ich doch nur studiert, dann ging es mir heute viel besser. Möglichkeit: Der Raum für Fortbildung steht mir auch heute noch offen.
- Meine Eltern hatten kein Geld für Musikunterricht. Möglichkeit: Wer hindert mich daran, heute ein Musikinstrument spielen zu lernen? Es ist nämlich nie zu spät!
- Die Heimnachbarin lebt sehr zurückgezogen. Möglichkeit: Ich könnte ihr etwas Unterhaltung bieten.
- Niemand aus der Familie ruft mich an. Vielleicht sollte ich aktiv werden?

Wo sind, zusammengefasst, die Unterschiede der ersten Lebensbilanz zur zweiten sinnorientierten, lebensbejahenden Bilanz?

LEBENSBILANZ 1	
Haben	Wollen + Erwartungen (Erwartungshaltungen)
(SINNORIENTIERTE) LEBENSBILANZ 2	
Erfüllte Werte	Zu erfüllender Sinn und Werte

Die konstruierte Welt, fressen und gefressen werden, noch besser werden, die Produktivität steigern, wachsen, um zu überleben, wird in der Lebensbilanz 1 gezogen. In dieser Bilanz wird die Aufmerksamkeit auf das gelenkt, was tendenziell schiefgegangen ist, auf die ›Ursachen‹ der Abweichungen, und nicht auf das, was gut funktioniert und an sich gut ist. Früher oder später wird bei einer solchen Bilanzziehung die Fokussierung auf das nicht Erreichte recht behalten. Es ist eine sich selbst erfüllende Prophezeiung. Hingegen steht die Lebensbilanz 2 für Sinnorientierung und das Erfüllen von Werten, dem wichtigsten Grundbedürfnis der Menschen. Die Lebensbilanz 2 zeigt ›Gründe‹ für Stabilität auf. Auch durchzieht diese Aufstellung des Lebens ein starker Forderungscharakter, eine Aufforderung an jeden Menschen, seinen Freiraum sinnvoll zu gestalten, und sei es nur in Form einer anderen Einstellung zu unveränderbaren Sachverhalten, die belasten. Selbst in höchst belastenden Situationen, wie zum Beispiel bei einer unheilbaren Krankheit, kann immer eine sinnorientierte Lebensbilanz gezogen werden. Das tapfere Aushalten mit einer zum Tod führenden Krankheit ist nicht nur echte schwere Leistung für die Person, sondern auch das Vorleben von Werten für die nahen Verwandten und die Gesellschaft. Wenn ein weltweit angesehener Professor im Alter erblindet, könnten wir meinen, seine Welt, die Welt der Bücher, breche total zusammen, und wir könnten geneigt sein, uns zu fragen, was das weitere Leben denn noch für einen Sinn hätte, unter diesen künftigen Bedingungen. Der Professor – Viktor Frankl – sagte bei einem Krankenhausbesuch seiner Schülerin Elisabeth Lukas, sie solle nicht traurig sein, er hätte immerhin das große Glück mit sehenden Augen so alt zu werden und die ganze Welt durch seinen Beruf gesehen zu haben.

Durch Frankl habe ich wieder eine Art geistige Nähe entdeckt zu den Menschen, wenn Sie es Liebe nennen wollen, das ist ein großes Wort – aber wirklich eine Zuneigung zu den Menschen gewonnen. Und dann habe ich natürlich in ihm ein ganz großes Vorbild gewonnen. Ich bin einmal in Wien auf Besuch gewesen, da war vereinbart, dass wir uns treffen mit Familie Frankl. Am Vorabend ruft mich Frau Frankl an und sagt: Wir können uns jetzt nicht treffen. Mein Mann ist gerade erblindet. Auf einem Auge hatte er schon nichts mehr gesehen, und am Abend hatte er eine Netzhautblutung im anderen Auge. Und sie sagte, mein Mann ist jetzt im Spital. Da komme ich also hinein in das Zimmer, da liegt er im Bett, sieht natürlich nichts, weiß aber, dass ich komme, und sagt: »Na Frau Lukas, machen Sie nicht so ein Gesicht.« Ich hab gedacht: Was sage ich jetzt jemandem, der gerade erblindet ist? Er fing an mich zu trösten. Er sagte: »Seien Sie nicht traurig. Wenn jemand 90 Jahre hat sehen können wie ich, was ist das für eine Gnade, was ist das für ein Grund zur Dankbarkeit. Ich habe meine Tochter sehen dürfen, meine Enkelkinder, ich hab die Welt sehen dürfen, was bin ich reich beschenkt worden in meinem Leben, jetzt setzen Sie sich zu mir an mein Bett und freuen sich, dass ich so lange hab leben können.« Und so was vergisst man nicht. Ich glaub, wenn mir irgendwas passiert, ich denk dran, und ich schaff's vielleicht auch.[3]

Allein das tapfere Tragen von großem Leid ist ein Wert an sich, wahrscheinlich der größte Wert, den Menschen verwirklichen können. Das Nichtaufgeben ist eine Aufforderung an andere Menschen mit Leid, mit aufgeladenen Schulden, ihr Leben nicht wegzuwerfen. Durch die lange Krankheit von Papst Johannes Paul II. wurden wir aufgefordert, darüber nachzudenken, dass in einer heutigen Medienwelt auch Menschen mit Krankheiten immer eines bleiben: Bei einer sinnorientierten Lebensbilanz sehen wir über das Leid hinaus den Aufforderungscharakter, sich nicht zu schämen für sein eigenes Leid, sich nicht zu verstecken wegen einer Krankheit; auch bleibt der Wert eines Kranken immer gleich, er bleibt Mensch in der Mitte der Gesellschaft und vieles mehr. »Die Würde kommt dem Menschen nicht aufgrund der Werte zu, die er noch besitzen mag, sondern aufgrund der Werte, die er bereits verwirklicht hat. Die Würde kann er natürlich auch nicht mehr verlieren. Und sie ist es, was uns Respekt vor dem Alter – eben dem Verwirklicht-Haben der Werte! – abverlangt,« so Viktor Frankl.

DAS REIFE ALTERN

Das Wort ›Alter‹, etymologisch gesehen, bedeutet so viel wie ›wachsen, nähren‹ und das Wort ›reifen‹ so viel wie ›was geerntet werden kann‹. Beide Wörter beschreiben keine festen Zustände oder Konstanten, sondern Veränderung in Verbindung mit Zukunft. Was geerntet werden soll, muss nicht nur zuerst ausgesät werden, sondern auch wachsen. Bei Reife kann geerntet werden und es nährt den Menschen.

Reife soll hier nicht als eine Art Vervollkommnungsideologie verstanden werden, als ein Ziel in der Lebensentwicklung, die letzte Phase zu erreichen, erleuchtet zu werden einerseits oder weise auf der anderen Seite. Die weise Person ist der Prototyp des vollkommenen Menschen im Konfuzianismus und Daoismus, zwei fernöstliche Philosophien. Wenn der Mensch auf seinem Lebensweg sein Ziel erreichen würde, weise zu werden, hätte er seinen Sinn für ein weiteres Leben verloren. So wie Schönheit kein Ziel hat – sie ist eines – hat Weisheit kein Ziel, und wir würden uns nach dem weiteren Sinn des Lebens fragen, wären wir weise.

Alle Theorien, die auf Lebensphasen beruhen, diskriminieren und reduzieren den Menschen. Lebensphasen und Lebensstufen bewerten den Menschen und ›reduzieren‹ ihn auf einen Lebensabschnitt. Reduktionismus ist ein Nicht-ernst-Nehmen des Menschen in seiner vollen Würde. Der Psychoanalytiker wird die frühe Kindheit und unterdrückte sexuelle oder aggressive Triebe für

Fehlverhalten in der Gegenwart anführen, der Genetiker Fehler des Verhaltens in den Genen suchen, der Soziologe die Gesellschaft für Veränderungen verantwortlich machen, die Eltern die Lehrer, Entwicklungspsychologen mangelnde Weiterentwicklung anführen. Wie fühlen wir uns in einer Krise, wenn wir diese Reduzierungen hören? Wir suchen uns die uns passendste Begründung für unser Leiden und unser Schicksal heraus. Der Reduktionismus nimmt Menschen in Leid und Not die Hoffnung und Kraft, aus dem Schicksalsschlag heraus ein *Trotzdem Ja zum Leben zu sagen*. Die Modelle der Lebensstufen sind durch ihre populärwissenschaftliche Ausrichtung, einfache Lesbarkeit und Kategorisierung gut zu merken. Sie sind ein Zeichen der messbaren Gegenwart und für den Menschen schnell ein Werkzeug, das Gegenüber einzuordnen und zu bewerten. Außerdem beschreiben Phasenmodelle immer einen Endzustand, einmal sind wir weise, ein andermal erleuchtet. Endzustände sind aber statisch, bedürfen keiner Veränderung und neigen zu verkrusteten Strukturen, wenn nicht durch die verändernde Welt der Forderungscharakter ergeht, sich doch weiterzuentwickeln.

Wir wollen daher ein anderes Modell präsentieren, dessen Fundamente immer, das heißt, in jeder Lebenssituation tragfähig sind und bedingungslos die Würde des Menschen tragen und mit denen jede Lebenssituation anhand der vorzustellenden Bausteine gemeistert werden kann.

Auch wenn wir uns im langen Leben oft ›ab-re-agieren‹, wenn wir durch äußere Umstände getrieben ›re-agieren‹, sind wir trotzdem ein ›agierendes‹ Wesen und bleiben es unter allen Bedingungen auch, wenn eine oder mehrere Säulen des eigenen Lebens zusammenbrechen und nicht mehr aufgebaut werden können. Das freie Agieren ist Grundlage und Fundament der ersten Säule der Logotherapie und Existenzanalyse: Der Mensch hat einen freien Willen.

Auch wenn unsere Gene und Herkunft, die Sozialisation und Erziehung uns zu einem großen Teil bestimmen, können wir immer zu uns selbst und zu diesen Bedingungen Stellung nehmen.

Faktisch ist es so, dass das menschliche Dasein eben dadurch ausgezeichnet ist, dass es in seinem eigenen Sosein nicht aufgeht: der Mensch ist nicht ›eigentlich‹ das, was an ihm vorfindbar ist: sein eigentliches Sein ist immer auch schon ›darüber hinaus‹ – der Mensch muss nicht so sein, wie er ›nun einmal‹ ist in seinem So-und-nicht-anders-Sein, sondern er kann jederzeit auch so sein, wie er will bzw. wie er soll, ja er kann dies nicht nur, sondern er ist auch tatsächlich eigentlich immer nur so, wie er will – das heißt: wenn er sich seiner Freiheit, anders zu sein, begeben hat, dann hat er sich dieser Freiheit eben freiwillig begeben.

Viktor Frankl[4]

DIE FREIHEIT DES WILLENS

Nehmen wir eine Metapher zur Erklärung für den ersten Grundsatz. Wenn der Wurm sich im Kreis durch den Apfel frisst, alles Vorgefundene isst und verdaut, wird es ihm gut gehen, solange der Apfel für sein Leben reicht. Wir sind beruflich mehr oder minder eingebettet in feste Strukturen und vielfach außengesteuert, fremdbestimmt durch Verpflichtungen. Der Rhythmus des Lebens orientiert sich nach dem Beruf, wir sind verantwortlich für die Kindererziehung und der ganze Tagesablauf ist bis auf den Urlaub zeitlich bestimmt von äußeren Faktoren. Mit der Pensionierung und dem Ausscheiden aus der Arbeitswelt werden wir auf uns zurückgeworfen. Jetzt müssen wir selbst die Rahmenbedingungen unseres weiteren Lebens gestalten. Wir sind selbst verantwortlich für unsere Zeit, die Termine und Faktoren, die unser Leben bestimmen sollen. Der Wurm sitzt in seinem Apfel, das Fruchtfleisch ist aufgebraucht, es ist nichts mehr zu tun. Die alte Welt ist untergegangen. Entweder sind alle Kinder aus dem Nest, wir sind arbeitslos geworden oder in Pension. Jetzt macht der Mensch eine erschütternde Entdeckung: Er entdeckt sich selbst. Der Wurm kreist förmlich im leeren Apfel um seine eigene Achse und wird sich nach einiger Zeit der Langeweile und inneren Leere oder durch Neuorientierung für die harte Schale zu interessieren beginnen. Spätestens jetzt stellt der Wurm sich die Frage nach dem weiteren Sinn seines Daseins. »Die Frage nach dem Sinn des Daseins wird erst dann aufgeworfen«, so Viktor Frankl, »wenn die instinktive Sicherheit des Lebens oder das Genügen an seiner traditionellen Deutung verloren zu gehen droht oder schon verloren ist und dieser Verlust schmerzlich empfunden wird.«

Mit Kraftanstrengung, mit Arbeit und viel Mühe wird sich der Wurm durch die Schale fressen. Durch das Verlassen seines Apfels und den Blick darauf stellt er fest, in welcher Welt er bisher gelebt hat. Jetzt bemerkt er auch, durch Hinwendung in die Welt hinein, dass er existiert. Er ist auf der Suche nach neuen Zielen, die ihm wertvoll erscheinen.

Die Hinwendung zu anderen, das Sorgen um das Wohl anderer, also eine soziale Haltung, lässt uns aus dem Kreisen um die eigene Befindlichkeit ausbrechen. Das Bestreben nach Selbstverwirklichung – ein Schlagwort der vergangenen Jahrzehnte – wird zu einem Gefängnis, wenn Selbstverwirklichung zu sehr an das eigene Ego gebunden ist. Wir sind als einzelne Menschen nicht der Bauchnabel der Welt, um den sich alles dreht. Vor allem besteht in dieser Haltung auch die Gefahr, dass wir in egozentrischer Konzentration nie zu einem befriedigenden Ende kommen. Selbstverwirklichung kann nur in der Einbeziehung des Du sinnvoll und gesund gelingen. In der Aufmerksamkeit für dieses Du gelingt Gelassenheit gegenüber den eigenen Unzulänglichkeiten.

Raimund von der Thannen[5]

Der Wurm erkennt, dass es auch eine andere Welt als die bisherige gibt, in der er dachte, sich restlos zu verwirklichen. Nur durch Hinwendung auf etwas, was nicht der Wurm selbst ist, kann der Wurm einen neuen Sinn finden. Er klettert heraus, sucht sich eine geschützte Stelle und verwandelt sich nach einiger Zeit zu dem, was in ihm steckte: sicher ein farbenfroher Schmetterling, der die Welt erfreut.

Jeder Mensch lebt in einem gewissen Sinn in einem Apfel. Die Mutter als Erzieherin der Kinder, der Mann in seiner Arbeitswelt – oder umgekehrt –, es gibt Regelmäßigkeiten, Fremdbestimmungen und Abhängigkeiten. In diesem Rahmen kann und soll ein Leben sinnvoll gestaltet werden. Beim Fortgang der Kinder aus dem elterlichen Haus oder Beendigung des Berufes ergeben sich neue Situationen. War der Apfel das geistige Haus, in dem der Sinn erfüllt werden konnte, wird der Apfel jetzt zur Qual, wenn kein neuer Sinn entdeckt werden kann und die Person die alte

Zeit nicht aufgeben kann. Der Sinn ist nicht mehr in herkömmlicher Weise erfüllbar. Schließlich kann die Krise nur überwinden, wer das geistige Haus selbst verlässt, um den Wandel anzunehmen und durch das Verabschieden gestärkt ein neues geistiges Haus zu bauen. Die Hinwendung an ein ›Du‹ kann die Kindererziehung sein, ohne sich selbst darin aufzugeben und den Partner dabei zu übersehen, aber nach der Kindererziehung kann es immer noch ein ›Du‹ geben, ob Partner oder eine andere Tätigkeit, die mit Menschen zu tun hat.

So berichtet eine 86-jährige Frau, dass ihr der Sinn im Leben abhandengekommen ist nach dem Tod ihres Mannes vor einem Jahr. Den schwerkranken Mann hatte sie bis zuletzt gepflegt, trotz ihres Alters in den Nächten mehrmals gewendet und versorgt. Es ist verständlich, dass der Sinn nach dem Tod des Partners neu zu entdecken ist, da die Pflege und Hinwendung an einen anderen Menschen, im günstigsten Fall den Lebenspartner, immer einen Sinn bietet. Jetzt, wo gemäß der Metapher das Fruchtfleisch des Apfels verzehrt war, musste ein neuer Sinn entdeckt werden. Es stellte sich die Frage, ob die alte Dame sich zum gegenwärtigen Zeitpunkt in einem Seniorenheim einquartiert oder in ihrer Wohnung bei ihren vielen Büchern, wie sie sagte, bleibt und neuen Sinn entdeckt durch eine neue Lebensgestaltung. Ein Wurm, der seinen Apfel aufgefressen hat, lebt in der Krise, wenn er sich nicht zum Verlassen seines Apfels, zum Loslassen der alten Welt entscheidet.

Ist der Sinn des Zeitabschnitts aufgezehrt, haben wir die ›Not‹ und die Plage, den fehlenden Sinn zu ›wenden‹: Es wird ›notwendig‹, den Zeitabschnitt mit seinen guten und schlechten Erfahrungen, aus denen Erfahrungen für die Zukunft entspringen, in die Scheune des Lebens, in die Schatzkammer zu bringen. Die Not wenden ist in diesem Zusammenhang die Aufforderung, die Hülle des Apfels zu verlassen und sich Neuem zuzuwenden.

Dieser Entschluss führt in das Leben hinein und bewirkt Folgendes:

- Stellungnahme zu einem oder mehreren Wertsystemen
- In Freiheit Verantwortung erzeugen
- Meinungen bilden
- Ohnmacht wenden zu Stellungnahmen
- Bei überzeugenden Werten negative Einflüsse leichter tragen
- Unabhängig werden gegenüber Zeitgeisterscheinungen
- Annäherungen zur Wahrheit produzieren

Der reif werdende Mensch ist auch ein mündiger Mensch, der mit seiner Freiheit verantwortlich umgehen kann. ›Mündig‹ bedeutet so viel wie ›wer sich selbst schützen und damit auch gesetzlich vertreten kann‹. Durch die Stellungnahme zu Werten können wir uns selbst vertreten und schützen. Werte können uns schützen. Durch unsere Mündigkeit schützen wir uns vor negativen gesellschaftlichen Trends und schnelllebigen Modeerscheinungen. Wenn Ziele wertvoll sind und wir überzeugt sind, sie leben zu wollen, ertragen wir auch Widerstände, die uns aus der Gesellschaft entgegenkommen. Die alte Dame wird in ihrer Wohnung wohnen bleiben, da ihrer Meinung nach der Wert ihrer eigenen Wohnung mit den vielen Erinnerungen an ihr reiches Leben sie weiter tragen wird als der Umzug in ein Zimmer einer Seniorenresidenz mit dem Zurücklassen aller ihrer ideellen noch präsenten Werte. So schön diese ›Residenz‹ auch sein mag, das eigene jahrelang bewohnte Haus ist dadurch nicht zu ersetzen.

So berichtete ein älterer Mann, dass er keine Jeans mehr kauft, weil in den Jeansläden immer sehr junge Verkäuferinnen arbeiten und ihn seiner Meinung nach als eine lächerliche Person mit zu hohem Alter sehen würden. Diese Schräglage kann beendet werden, wenn er daran denkt, wie viel Spaß es macht, nicht die graue und beige Kleidung der 70-Jährigen zu tragen, sich vielleicht jünger zu fühlen und dadurch ein gutes Lebensgefühl zu spüren. In jedem Menschen steckt ein Schmetterling.

Eine 50-jährige Managerin war in Selbstzweifel verfallen, da ihr Führungsstil durch andere Abteilungsleiter kritisiert wurde. Die anderen Abteilungsleiter führten autoritär, was bei Besprechungen zu erkennen war. Das gesamte Wissen über die Vorgänge in den Abteilungen konzentrierte sich bei den Abteilungsleitern, während die Managerin sich ihrer Spezialisten bediente und sie in die Besprechungen mitnahm. Ihr Führungsstil war aufgabenorientiert und dadurch den Rahmen setzend. Ihre Mitarbeiter hatten die Zielsetzungen nach ihren eigenen Vorstellungen zu definieren. Dadurch waren sie frei in der Wahl des Weges und ihre Chefin frei für andere Managementaufgaben. Auf die Frage, wie hoch die Fluktuation in ihrer Abteilung bisher war, konnte sie die Frage mit keinem Abgang, seitdem sie die Abteilung vor 12 Jahren übernommen hatte, beantworten. Es war der beste Beweis, dass ihre Mitarbeiter den Führungsstil als gut befanden und sich wohlfühlten. Sie arbeitete die Stärken ihres Führungsstils im Generellen und den persönlichen Anteil daran im Speziellen heraus und konnte so den Wert ihres Führungsstils in einem anderen Licht sehen. Sie konnte sich mit diesem Wert wieder identifizieren und sich damit bestätigen, dass ihr Führungsstil über den Kritiken der anderen Abteilungsleiter – alles Männer – erhaben war und es ein Leichtes war, diesen Kritikern standzuhalten: Die Erfolge in der Mitarbeiterführung wogen die Selbstzweifel bei Weitem auf.

Die eigene Persönlichkeit, auch wie sie selbst geführt werden möchte, wurde in Bezug gesetzt zu den anderen im Unternehmen vorherrschenden Führungsstilen (Stellungnahme zu anderen Wertsystemen). Die Selbstzweifel wurden durch Stellungnahme und Bildung einer neuen Meinung gewendet. Die Überzeugung, dass ihr Führungsstil am besten zu ihrer Person passte und sämtliche persönliche Stärken umgesetzt werden konnten, trug sie in Zukunft leichter über Zeitgeisterscheinungen und Kritiken hinweg. Durch die geistige Fähigkeit der Selbstdistanzierung konnte sie ihre Frage selbst beantworten durch das Herauskommen aus dem ›Apfel‹ und durch Betrachtung ihrer selbst.

Wir Menschen können im Gegensatz zum Wurm jederzeit aus unserem Gehäuse ausbrechen, es verändern und neuen Gegebenheiten anpassen. Im Unterschied zum Wurm sind wir keine Reiz-Reaktions-Maschine, kein Verbraucher, keine Verdauungsmaschine, die, wenn sie Hunger hat, frisst, sondern wir können auch trotz Hungergefühls weiterarbeiten und Ziele verfolgen, die außerhalb unseres Apfels liegen. Wir sind jederzeit in der Lage, auch nur mittels Gedanken unser Schicksal, die anzutreffenden Situationen anzunehmen und dadurch unsere Freiheit auszudrücken.

Viktor Frankl interessierte immer der ganze Mensch: Was er vom innersten Wesen her ist, was er tut und was er persönlich zu verantworten hat, das heißt, wie er auf Schicksal, Leid, Unausweichliches, Sinnloses oder Unvernünftiges reagiert. Ihn interessierte primär der Inhalt und nicht so sehr die Verpackung, d. h. der Körper mit seiner Psyche und seinen äußeren Gegebenheiten. Ihn interessierte nicht der Wurm oder der Apfel, Frankl interessierte der Schmetterling, zu dem der Wurm in seiner Entfaltung werden kann. Die äußeren Umstände, die einen Menschen umgeben, waren für Frankl sekundär. Primär ging es um die Hervorhebung der Tatsache, was ein Mensch aus den Umständen macht, die er vorfindet, die ihn treffen, in die er hineingeworfen wurde, und wie er sich dazu einstellt.

Mit dieser Lesart können wir die Lebensbilanz 2 eines Menschen sehen. Es geht um erfüllte Werte in der Vergangenheit trotz widriger Umstände im Leben und es geht um die noch zu erfüllenden Werte unseres Lebens, die in der zweiten Lebenshälfte warten. Es geht um das Bestmögliche. Es ist eine existenzielle Lebensbilanz, auf deren Haben-Seite immer sinnerfüllte Lebensbereiche stehen und auf deren Soll-Seite der Forderungscharakter (das Gesollte) zu erkennen ist für noch zu erfüllende Aufgaben: Sinn und Werte.

Ist Altern ein Schicksal, dem wir uns nicht entziehen können?

Ja und nein. Das Ja bezieht sich auf die Tatsache unserer Sterblichkeit und das Nein auf die Tatsache, dass wir bewusst zu jedem Alter sinnvoll Stellung nehmen können und bewusst das Schicksal für uns wenden können. Die bewusste Stellungnahme in unserer

Freiheit und der Forderungscharakter unserer Soll-Seite der Lebensbilanz zeigt eine wesentlich andere Denkhaltung auf, als wir gewohnt sind:

Nicht wir sind die Fragenden nach dem Warum unseres Scheiterns, unserer Krankheiten, den Fehlentwicklungen, verloren gegangenen Zielen und dahinfließenden Zeiten – sondern wir sind die Gefragten und haben zu antworten. Wir haben unserem Leben gegenüber zu antworten: wie wir mit unserem weiteren Leben umgehen möchten, wie wir mit unserer Krankheit zu leben lernen, wie wir die Rente sinnvoll und erlebnisreich gestalten oder wie wir mit dem Tod unseres geliebten Partners umgehen. Wir haben zu antworten auf die Ereignisse der Vergangenheit, die möglicherweise noch in die Gegenwart reichen und als unbewältigte Konflikte ihr Unwesen treiben. Unser Leben führt immer in eine Sackgasse bei Fragen nach dem Warum, nach dem Warum einer Krankheit, nach dem Warum der Arbeitslosigkeit oder nach dem Warum des Todes eines Angehörigen. Wir werden niemals zufriedenstellende Antworten bekommen, da das Leben uns gegenüber nicht antworten kann. Wer sollte antworten? Wir bleiben auf der Ebene von Vermutungen stehen und produzieren mehr Fragen als Antworten. Alter ist ein relativer Begriff und sagt demnach eigentlich nur aus, dass der Tod uns nach einem gewissen Zeitraum aus der Welt nimmt. Innerhalb dieses Zeitraums von der Geburt bis zum Tod sind wir freie Menschen, die verantwortlich, das heißt, auf die jeweiligen Situationen des Lebens möglichst sinnvoll hineinagierend, antworten.

Der Mensch ist nicht auf seine Gene und seine Umwelt reduzierbar. Er ist in allen Belangen ein Produkt der Wechselwirkung zwischen seinen Genen, seiner Umwelt und von sich selbst, wie er seine verborgenen und entdeckten Fähigkeiten einsetzt und neue Möglichkeiten kreiert. Sinnerfüllung kann jede Person lernen, unabhängig, wie alt und entwickelt wir sind. Nehmen wir die Gene als das Papier und die Umwelt als den Bleistift an, unsere Lebensgeschichte müssen wir selbst schreiben.

DAS LEBEN STEHT IM MITTELPUNKT

Nikolaus Kopernikus, Universalgelehrter, unter anderem Astronom, veröffentlichte im Jahr 1543, schon auf dem Totenbett liegend, das Buch, das unsere Welt komplett veränderte. Einer der Lehrsätze in seinem Buch lautet: Alle Kreisbahnen umgeben die Sonne, als stünde sie in aller Mitte, und daher liegt der Mittelpunkt der Welt in Sonnennähe. Seit dieser Zeit ist uns bewusst, dass nicht die Erde der Mittelpunkt des Sonnensystems ist, sondern ›wir‹ um die Sonne kreisen. Die Kopernikanische Wende drückt den Standortwechsel aus, den wir Menschen zu vollziehen haben: Nicht wir stehen im Mittelpunkt des Lebens und das Leben antwortet uns auf die Bedingungen, die sich uns stellen, sondern das Leben an sich ist im Mittelpunkt und wir haben zu antworten auf die jeweiligen Bedingungen, diese sinnvoll zu realisieren und durch uns zu verwirklichen. Wir sind die Befragten und haben zu antworten.

Eine Art Kopernikanische Wende

Ein gedankliches Beispiel soll die Denkumkehr verdeutlichen und zeigen, dass wir in gefährlichen Situationen immer richtig denken und handeln, aber bei Situationen, die keine unmittelbare Lebensgefährdung darstellen, zu oft anders reagieren:

Ein Skitourengeher ist auf dem Weg durch eine frisch verschneite Landschaft, den angestrebten Gipfel zu erreichen. Nach einem Knall blickt er nach oben und erkennt, dass sich eine Lawine aus dem oberen Hang gelöst hat und direkt auf ihn zurollt. Instinktiv läuft im Gehirn ein Notfallprogramm an. Im Gehirn wird nicht die Frage geklärt, warum hat sich jetzt eine Lawine gelöst, warum rollt die Lawine auf mich zu, sondern das Notfallprogramm antwortet auf die gestellte Frage des Überlebens. Instinktiv wird der Skitourengeher aus dem Hang herausfahren und sich in Sicherheit bringen.

Was stützt den Skitourengeher in einer zweiten schwierigen Situation: Seine Frau eröffnet ihm die Tatsache, dass sie, aus welchen Gründen auch immer, die Ehe aufkündigt, auszieht und die Kinder mitnimmt. Wie das Notfallprogramm in der lebensbedrohlichen Situation instinktiv abläuft, kann auch in der zweiten Situation der gleiche Weg der Problemlösung gefunden werden: Nicht mit Warumfragen bewegt sich der Skitourenfahrer aus der Gefahrensituation heraus, sondern mit dem Erkennen von Handlungsmustern aus dem großen Bereich des Möglichen (sein Freiraum) kann er auf die Situation richtig antworten. Er wird sinnvoll auf die Trennung reagieren und alles unterlassen, was nicht im Sinn von Frieden erhaltenden Maßnahmen ist. Auch im »Unwert« Trennung kann jede Person mit einem Wert antworten, also keinen ›Rosenkrieg‹ beginnen oder ›Ersatzschlachtfelder‹ – über die Kinder – suchen. Die Warumfrage ist erst dann angezeigt, wenn die Analyse des Sachverhalts ansteht, um neue Erkenntnisse für die weitere Zukunft zu gewinnen. Die wissenschaftliche Arbeit und das Forschen basieren auf dieser Fragestellung.

Es liegt an der erwachsenen Person selbst, die Denkumkehr vorzunehmen, um entsprechend Antworten zu finden. Es hat mit der Persönlichkeitsentwicklung und seinem Selbst zu tun, auch antworten zu wollen. In der Jugend werden wir durch Erziehung an die Verantwortung herangeführt. Es wird uns schrittweise gelernt, mit unserem eigenen Leben bewusst und verantwortlich umzugehen. Solange der erwachsene Mensch mehr oder minder in seinem Leben durch Beruf und Kindererziehung organisiert wird, ist der Begriff der eigenen Freiheit nicht so bewusst wie bei anstehenden Veränderungen wie schweren Krankheiten, Umzug wegen drohender Arbeitslosigkeit oder Ende eines Berufslebens. Dies fordert den Menschen zu neuem Agieren auf. Reifes Altern bedeutet in diesem Zusammenhang so viel wie über das bisher Gelebte hinaus wieder Neues und Zusammenfassendes aufzubauen, eine neue Einheit aus dem bisherigen Leben zu formen. In seiner Freiheit kann der Mensch Wesentliches von Unwesentlichem trennen, er vermag zu erkennen, auch in der geringsten Freiheit noch etwas Sinnhaftes dem Leben abringen zu können. Der reifende, sinnorientierte Mensch erfasst sein Leben über alle Lebensbrüche hinweg als ein Kontinuum auf, was freilich nicht heißen soll, dass ihm stets gegenwärtig ist, welchen Weg er einzuschlagen hat. Es gibt viele Situationen im Leben, auf die man nicht vorbereitet werden kann. Der Tod eines nahen Angehörigen kann zwar intellektuell durchdacht werden, aber die gefühlte Trauer um den realen Verlust des Partners kann nicht geübt werden und entsteht unmittelbar nach dem Schicksalsschlag. Ebenso verhält es sich bei schweren Krankheiten. Eine gewisse Ratlosigkeit schwingt immer im ersten Moment mit: Wie sich verhalten, wie handeln und agieren?

Ein anderes Phänomen sind angekündigte Veränderungen, die bevorstehen und nicht akzeptiert werden können beziehungsweise in die Zukunft verschoben werden, anzunehmen. So sehen die meisten Männer ihrem Ruhestand hoffnungsvoll entgegen. Jedoch belegen Untersuchungen, dass die Hoffnungen häufig nicht erfüllt werden. Je schwieriger das Berufsleben gesehen wird und je dringlicher der Ruhestand herbeigesehnt wird, desto größer auch die Gefahr der Idealisierung des Rentnerdaseins. Für den Großteil der arbeitenden Männer gibt es keinen langsamen Übergang in den Ruhestand, er erfolgt oft abrupt und ohne eine mittelfristige Planung. Viele Männer haben kein ausgeprägtes Hobby vor dem Ruhestand, das ihre Freizeit dauerhaft ausfüllen könnte. Der Eintritt in den Ruhestand erfordert dann große Anstrengungen und eine umfassende Neuorientierung:

- In einer erwerbszentrierten Gesellschaft verliert der Rentner seinen öffentlichen Status und Anerkennung
- Berufliche Sozialkontakte fallen meistens weg, der Rentner steht ohne Kontakte da
- Der Mann ist in einem rollenlosen Zustand, als Ernährer der Familie nicht mehr existent

- Die Beziehung zur Partnerin sollte neu definiert werden
- Neue Aufgaben müssen entdeckt werden
- Eine neue Tagesstruktur muss aufgebaut werden

Es sind keine neuen Phänomene, die hier beschrieben werden. Wir erinnern uns: Der Apfel ist leer gefressen, der Wurm dreht sich buchstäblich im Kreis. Der arbeitende Mensch wird irgendwann in Rente gehen beziehungsweise vorzeitig oder partiell unfreiwillig in die ›Arbeitslosigkeit‹ versetzt. Für sozial organisierte Säugetiere ist die Abtrennung von der gewohnten Herde eine unkontrollierbare Situation und mit großem Risiko für das Weiterleben behaftet. Für Menschen, die nur einen Wert in ihrem Leben erfüllen – Arbeit –, wird der Verlust, aus einer sicher wirkenden Herde, der Berufswelt, auszuscheiden, bedrohlich wirken und mit zunehmender Nähe zum Tag der Entscheidung zu unkontrollierbaren Zuständen und Verhaltensweisen führen.

Viel Erfolg zählt zu dem Schlimmsten, was einem im Leben passieren kann, so der Neurobiologe Gerald Hüther. Wer immer mit der gleichen Strategie zur Lebensbewältigung erfolgreich vorankommt, wird am Ende einem Rennpferd mit selbst aufgesetzten Scheuklappen immer ähnlicher. Das Rennpferd sieht links und rechts immer weniger die Veränderungen, auf die eigentlich zu reagieren wäre. Seine Kinder und den Ehepartner sieht das ›Rennpferd‹ nicht, wie sie aus dem Horizont verschwinden, die Warnsignale des Körpers werden ignoriert. Führungskräfte sehen ihre Einsamkeit nicht. Eines Tages steht das ›Rennpferd‹ vor einer zu großen Hürde, die nicht mehr übersprungen werden kann.

Um diesem Problem auszuweichen, können wir nicht erst warten, bis das Ereignis eintritt, sondern sollten mit der auf uns zukommenden Zeitspanne verantwortlich umgehen. Es bedeutet den Aufbau eines Hobbys, den Aufbau eines Sozialnetzes auch außerhalb der beruflichen Welt, es bedeutet vielleicht nicht berufsbezogene Weiterbildung und Aufnahme von caritativen Tätigkeiten, den Blickwinkel zu öffnen in die eigene Familie hinein und vieles mehr. Es gilt auch zu hören, was meine eigene innere Stimme sagt, eine Stimme aus einer Welt, wo niemandem etwas bewiesen werden muss, es keine Verurteilung gibt und Vergleiche die Motivation ausmachen. Wir dürfen nicht die vergangenen Wege beschreiten, die überkommenen Denkmuster unserer Bewältigungsstrategien anwenden. Es ist schwer, Lebensveränderungen zu akzeptieren, zumal auch im Gehirn die alten erfolgreichen Bewältigungsstrategien abgespeichert sind.

Hinausgeschobene Entscheidungen für Lebensveränderungen stellen permanente Krisen dar. Heute wissen wir aus der medizinischen Forschung, dass körperliche Reaktionen nicht ausbleiben und Krisensituationen zu unkontrollierbarem Stress führen können. Da hilft Verdrängung wenig, das Problem aus dem Bewusstsein zu vertreiben, der Körper wird reagieren. Die Destabilisierung des Menschen aufgrund eines nicht gelösten oder verdrängten Problems fördert die Entstehung einer Vielzahl von körperlichen und psychischen Krankheiten.

Weshalb bereiten wir uns nicht auf den Ruhestand vor?

Es ist einerseits die Überheblichkeit, die den Menschen hindert, sich rechtzeitig auf den beruflichen Ruhestand vorzubereiten, es schon irgendwie meistern zu können, wenn der Lebensbruch eintritt, und augenblicklich keine Zeit für neue Ideen zu haben, überhaupt keine Zeit zu haben. Andererseits ist es die Trägheit, die ›Verzweiflung der Schwachheit‹, dass einer ›verzweifelt nicht er selber sein‹ kann. Trägheit ist nicht gleichbedeutend mit Faulheit, sondern beschreibt einen Lebensumstand des Sich-nicht-stellen-Wollens zu sich selbst, um seine eigenen Fähigkeiten zu entwickeln und zu entfalten. Es ist die Hinfälligkeit gegenüber der Psyche, das Ausleben des Psychischen in negativer Hinsicht: Machtsucht, Gier, Lustorientierung, Aktionismus.

Der Philosoph Karl Jaspers bemerkt dazu:

Das ist die große Frage des Menschseins, woher der Mensch seine Führung hat. Denn gewiss ist: Sein Leben läuft nicht wie das der Tiere in der Folge der Generationen nur in naturgesetzlich gleichen Wiederholungen ab, sondern die Freiheit eröffnet ihm mit der Unsicherheit seines Seins zugleich Chancen, noch zu werden, was er eigentlich sein kann. Dem Menschen ist gegeben, aus Freiheit mit seinem Dasein gleichsam wie mit einem Material umzugehen.[6]

Den Gegenbegriff zur ›acedia‹ bildet nicht, so der Philosoph Josef Pieper, der Arbeitsgeist des werktäglichen Erwerbslebens, sondern die Bejahung und Zustimmung des Menschen zu seinem eigenen Wesen, zur Welt insgesamt, zu Gott, also zur Liebe, aus der dann freilich auch eine besondere Frische des Tätigseins erwächst, die aber doch kein Kundiger mit der krampfhaften Aktivität des Arbeitsfanatikers verwechseln wird.

Nach logotherapeutischer Auffassung stellt Verantwortung das Antworten auf Fragen dar, die uns das Leben stellt, und diese Antworten gibt jede Person unabhängig von einer Rolle, von einer gesellschaftlichen Position, die eine Person übernommen hat.

Mit den Worten des Philosophen Karl Jaspers sind wir ein ›entscheidendes Sein‹, d. h. ein verantwortliches Wesen über unser Sein. Die Fragen des Lebens beantworten wir zum großen Teil unbewusst. Jeder Augenblick unseres Handelns wird mehr oder weniger durch die geistige Person entschieden. Die Handlungen oder das Innehalten, Reden oder Schweigen, das Sitzenbleiben oder Zurücktreten sind die Antworten, die wir dem Leben zu jeder Zeit geben.

Die Furcht vor Verantwortung

Verantwortung besteht aus einer bedrohlichen und einer schönen Komponente. Das Bedrohliche stellt sich oft bei ablehnender Verantwortung dar, beim Versuch, die Verantwortung abzuschieben, bei anderen Menschen zu suchen, zu parken oder sie zu negieren.

Es ist furchtbar zu wissen, dass ich eigentlich jeden Augenblick meines Lebens Verantwortung trage, auf jeden Augenblick des Lebens antworte und Stellung nehmen sollte, ob ich will oder nicht. Verantwortung ist dann furchtbar, wenn das Flüchten aus der Verantwortung nichts nützt, uns einholt und den Menschen zum Antworten zwingt. Das Herrliche an der Verantwortung ist die Tatsache, überhaupt verantwortlich für sein eigenes Leben zu sein, selbst entscheiden zu können, ein Schicksal annehmen zu können oder abzulehnen und weiter in einer Krise zu leben, das Leben aus dem vorgefundenen Material, wie ein Künstler, zu formen und zu gestalten. Das Wundervolle an der Verantwortung ist auch die Tatsache, sich selbst, wie ein Bildhauer, aus dem Stein zu meißeln, jenes herauszuarbeiten, was im Grunde bereits im Stein steckt und nur der Entdeckung harrt. So soll Michelangelo auf die Frage geantwortet haben, wie er es geschafft hat, den David aus dem sehr schwierigen Stein zu meißeln: Der David war schon da, ich habe ihn nur hervorgeholt.

Die spätmittelhochdeutsche Form ›verantwürten‹ hatte die Bedeutung ›sich als Angeklagter zu verteidigen‹. Es ist das Antworten des Angeklagten auf die ihm vorgeworfenen Handlungen oder unterlassenen Handlungen, die Stellungnahme gegenüber einem Gesetz, vertreten durch einen Richter. Übertragen wir die ursprüngliche Bedeutung des Wortes ›Verantwortung‹ in unsere Welt, so sind es die Fragen des Lebens, die uns herausfordern, durch sinnvolles Handeln und Denken zu antworten, zum Beispiel:

- Spielt die Familie für mich eine untergeordnete Rolle (Verantwortung)?
- Welche Spuren werde ich nach meinem Ableben hinterlassen? Was ist heute zu tun, um schöne Spuren zu hinterlassen?
- Muss ich wirklich die materiellen Pläne des Lebens absolut setzen?
- Habe ich mich mit meiner Vergangenheit ausgesöhnt?

- Ist es sinnvoll, wie gewohnt weiterzumachen oder doch Neues anzunehmen?
- Was will mir meine vorübergehend gestörte Leistungsfähigkeit sagen?
- Ich wurde gekränkt, jetzt bin ich böse
- Warum soll ich den ersten Schritt zu Versöhnung tun?

DER WILLE ZUM SINN

Das Wort ›Logos‹ im Wort Logotherapie stammt von der griechischen Sprache ab und hat mehrere Bedeutungen.

Bis zirka 550 vor Christus wurde in der Antike die Welt durch Mythen erklärt. Die Frage nach dem Woher alles Seienden wurde durch Göttersagen definiert. Dabei bedeutet das Wort ›Mythos‹ im Griechischen das Nachsprechen dessen, was wir durch Informationen erhalten haben (wie ein Nachrichten*sprecher*). Die bekanntesten Quellen sind Homer und Hesiod.

Um die Mitte des 5. Jahrhunderts vor Christus waren es die sogenannten vorsokratischen Philosophen aus Vorderasien, welche die Frage nach dem Woher der Menschheit und die Suche nach dem Urstoff nicht mehr aus den Sagen (Mythen) erklären wollten, sondern durch Denken und Überlegen selbst Erklärungen finden wollten. Einer der ersten dieser Denker war zum Beispiel der Philosoph Thales, nach dem der Ursprung allen Lebens das Wasser sei. In diesem Zusammenhang wurde das Wort Logos durch den Vorsokratiker Heraklit zum ersten Mal erwähnt. Das Wort ›Logos‹ ist eine Ableitung von ›légein‹ und bedeutet ›reden‹. Der antike Grieche verwendete das Wort ›légein‹ auch für: aufzählen, berechnen, auslegen, und somit bedeutet das Wort Logotherapie nicht nur sinnorientierte Therapie schlechthin, sondern es bezeichnet auch den Weg dorthin: Es hat unter anderem zu tun mit mit Agieren, mit Nachdenken, mit Vernunft, mit Sinn und mit Gewissen.

Auf der Suche nach Sinn
Die der Logotherapie zugrunde liegende Motivationstheorie geht von der Annahme aus, dass der Mensch ein Wesen auf der Suche nach Sinn ist.

Damit steht sie nicht im Gegensatz zur Aussage Sigmund Freuds, der das Trieb- und Sexualleben in den Mittelpunkt seiner Betrachtung über die Urmotivation des Menschen stellt, auch nicht im Gegensatz zu der Alfred Adlers, der in seiner pathologischen Ausprägung den Willen zur Macht im Mittelpunkt der Handlung sieht – sondern Viktor Frankl meint: Erst wenn der Mensch keinen Sinn in seinem Leben mehr erkennt oder findet, besteht die große Gefahr, dass dieser leidende Mensch in den Willen zur Macht zurückfällt und das Triebleben der Psyche den Menschen ergreift und beherrscht.

Der Aufstieg zur Menschwerdung

So wie Adler aufbaut auf Freud und die Psychoanalyse Freuds weiterentwickelte, baut Frankl auf Adler auf und sieht den Menschen als das an, als das er geboren wurde, als spezifisch humanes Wesen. Freud betont in seiner Lehre das Biologische und Unbewusste, während sein Schüler Adler das Soziale, das Streben nach Macht im Mittelpunkt seiner Betrachtung hatte. Für Frankl waren beide Ansätze zu funktional, weil sie einseitig jeweils nur einen Teilaspekt des Lebens überbewerteten. Auch wenn die Basisstrukturen des Menschen mit Physik, Chemie, Sozialisation und Genetik beschrieben werden können, mit Kultur auf der einen Seite und Natur auf der anderen Seite, ist *immer* die eigentliche Entscheidungsgewalt bei der Person selbst. Wir sind keine Maschinen, wie der Philosoph Julien de la Mettrie Anfang des 18. Jahrhunderts es in negativer Ausprägung über den Menschen seiner Zeit meinte.[7] Die persönlichen Sinnstrukturen jeder einzelnen Person sind eben nicht abhängig von Natur oder Kultur, sondern die Person mit ihrer geistigen Dimension ist *selbst* dafür verantwortlich, seine eigene Zukunft und Kultur sinnvoll zu gestalten.

Neue Geistesströmungen

Wien zur Zeit Sigmund Freuds war ein Schmelztiegel vieler Strömungen und geistiger Erneuerungen. Die Wiener Aristokratie war erstarrt und verkrustet mit ihrem Symbol des alten Kaisers auf der einen Seite und des zu früh gescheiterten Sohns Kronprinz Rudolf. Dem gegenüber stand eine zu Reichtum gekommene Großbürgerschicht, die ihre Selbstständigkeit, Freiheit und Identität in neuen Kunstrichtungen auszudrücken suchte und zum Teil große Kunstsammlungen anhäufte. 1904 wurde der Modesalon der Geschwister Flöge gegründet, die auch weite Reformkleider schneiderten, für die man kein Korsett tragen musste. Eine sexuelle Befreiung fand generell statt. Die bildliche Darstellung des menschlichen Trieblebens zieht sich inhaltlich durch das Werk der Erneuerer Gustav Klimt und Egon Schiele. So trägt auch der Wiener Secessionsbau des Jugendstils, das Ausstellungsgebäude der neuen und ganzheitlichen Kunstrichtung, den Schriftzug über dem Eingang: Der Zeit ihre Kunst – der Kunst ihre Freiheit. Freiheit war die neue Dimension, die entdeckt wurde.

Auch in Deutschland werden neue Formen des Zusammenlebens ausprobiert, wie auch in der Schweiz, z. B. am Monte Verita (Berg der Wahrheit) bei Ascona, die freie Liebe und die Nacktkörperkultur zu leben versucht wurde. Der neue Mensch lässt alle Hüllen in der frischen Luft fallen, badet in Luft und Sonne oder vereinigt sich zum rhythmisch beschwingten Tanz der natürlich Lebenden. Es ist naheliegend, das menschliche Verhalten auf die Lust und das Aggressionsverhalten zu reduzieren, wenn wir die Zeit und die Stadt, in der Freud und Adler lebten, berücksichtigen. Es bleibt aber ein kleiner Ausschnitt in unserem Leben. Wir sind mehr als die Reduktion auf einen Teilaspekt unseres Lebens, für die Erhaltung unserer Gene in die nächste Generation hinein zu sorgen, wir sind mehr als nur ein Typ von Mensch, der in Abhängigkeiten lebt und über einen Machtanspruch seine Souveränität erlangen möchte. Viktor Frankl widerspricht nicht den vorangegangenen Theorien für menschliches Verhalten, sondern überhöht mit seiner Grundannahme von der Motivation Sinnerfüllung den Menschen. Wären wir jetzt Alchemisten auf der Suche nach dem Urstoff allen Seins, könnten wir die Sinnerfüllung als die Urmotivation bezeichnen.

Wenn der Mensch ein Wesen auf der Suche nach Sinn ist, richtet er seine Tätigkeit und sein Handeln nicht nur nach einer sinnvollen Zukunft aus, sondern kann auch eine scheinbar verlorene Vergangenheit noch in sein Leben integrieren und im Nachhinein neu bewerten. Erst wenn der Mensch keinen Sinn erkennt oder große Mühe hat, seinem Leben einen Sinn zu geben, kann es geschehen, durch Regression in ein Verhalten zu verfallen, wie Sigmund Freud oder Alfred Adler es in der negativen Ausprägung beschrieben haben. Wir reduzieren uns auf Machterhalt, unterdrücken die Meinungen anderer Menschen oder wollen nur unsere Lust befriedigen, um, einfach ausgedrückt, den letzten Spaß aus dem Leben herauszupressen. Was ist es anderes, wenn der alternde Mann es nicht wahrhaben möchte, dass sein Sohn körperlich kräftiger und beim Skifahren schneller ist? Was ist es anderes, wenn die Mutter nicht wahrhaben will, mit ihrer Figur und ihrem Alter sich nicht so kleiden zu können wie ihre pubertierende Tochter? So schreibt Viktor Frankl: »Der Mensch ist eigentlich (und wenn er es nicht mehr ist, so war er es zumindest ursprünglich) darauf aus, Sinn zu erfüllen und Werte zu verwirklichen; der Wille zur Lust (das Lustprinzip der Psychoanalyse) und der Wille zur Macht (das Geltungsstreben der Individualpsychologie) sind sekundäre, defiziente Modi des normalen und primären menschlichen Strebens nach Sinnerfüllung und Werteverwirklichung.«[8]

DIE WOZU-FRAGE

Im Kapitel über die Freiheit des Willens haben wir beschrieben, dass die Freiheit immer auch mit Verantwortung einhergeht und den selbst gesetzten Rahmen unserer Freiheit bildet. Verantwortung in diesem Zusammenhang bedeutet nicht das Fragen in das Leben hinein, sondern das Stellungnehmen und Antworten auf die jeweilige Situation, auf die wir treffen. Es sind nicht die Warum-Fragen, die uns im Leben weiterbringen, sondern wir haben uns eine andere Frage zu stellen:

Die Wozu-Frage: Wozu fordert mich die Situation, das Ereignis, das Schicksal, die Krankheit, mein Alter, der Tod heraus?

Die Wozufrage führt aus dem eigenen System des Menschen heraus. Da der Mensch nie für sich allein leben kann, auf andere Menschen angewiesen und orientiert ist, können wir ihn auch als ein Lebewesen mit einem offenen entwickelbaren System sehen. Mit der Wozu-Frage werden wir geradezu aufgefordert uns dem offenen System zu stellen, um zu eigenen Antworten zu kommen.

Wir können in noch so auswegloser Situation sein, es kann uns ein absolut sinnloses Schicksal treffen, eines kann aber niemals verhindert werden: Wir können immer sinnvoll auf Sinnloses antworten. Eines bleibt immer: die Fähigkeit, mittels Gedanken eine neue Einstellung zu entwickeln, hin auf den Weg zu Sinn.

Mit der Wozu-Frage fordern wir uns selbst auf, auf das Schicksal zu antworten und zu agieren, nicht träge zu bleiben und uns nicht die Frage zu stellen:

Warum ist es mir passiert? Warum trifft es immer mich? Warum kann es nicht zu Ende gehen? Es sind Fragen, die in eine Sackgasse führen. Die Warum-Frage hindert den Menschen, den Blick weg vom Negativen in den großen Bereich des Möglichen zu wenden, verhindert und verzögert die Aussöhnung mit der Vergangenheit und mit Geschehenem. Die Warum-Frage verstellt Lösungsmöglichkeiten und Auswege. Gesellschaftlich gesehen sind Warum-Fragen durchaus notwendig, um Unglücke, Katastrophen zu analysieren und künftig zu verhindern. Dann wenn die größte Not für den Betroffenen vorübergegangen ist und der Leidende stabil ist, hilft eine Analyse weiter, den Konflikt, das Unglück zu verarbeiten.

Mit der Wozu-Frage sind wir Baron Münchhausen: Wir können uns selbst motivieren und uns selbst aus dem Schlamm ziehen. Die Wozu-Frage stärkt unsere Handlungsfreiheiten und fördert das Annehmen unserer eigenen Grenzen, Fehler und Schwächen. Sie führt zu:

– klarer Stellungnahme zu einem Wertesystem
– Verantwortung
– Unabhängigkeit gegenüber Zeitgeisterscheinungen
– einem Erkennen von Wahrheit
– Unabhängigkeit
– Motivation
– neuen Dispositionen und Haltungen
– neuen Aktionen und Taten
– Konfliktlösungen

Ein in vorzeitige Rente geschickter Arbeitnehmer kann sich natürlich ärgern über seinen Arbeitgeber, ihn wegen Gewinnmaximierung außerplanmäßig ausgesondert zu haben, er kann Aggressionen entwickeln und seiner nahen Umwelt den Unmut zeigen und spüren lassen. Die Frustration kann den Menschen faul machen, ihn zu einem Potato-Fernsehsportler werden lassen, mit dem Ergebnis, dass seine Umwelt mit wachsender Verständnislosigkeit reagieren wird. Wozu fordert die neue Situation heraus? Die zugegebene Frustration könnte auch durch positiv wirkendes Agieren abgebaut werden, und sei es zum Beispiel durch Sport oder, wenn möglich, sich über die geschenkte freie Zeit und viele andere Aktivitäten zu freuen.

DAS SCHEUNENGLEICHNIS

Das Scheunengleichnis zeigt uns, mit der eigenen Vergangenheit und Zukunft sinnvoll umzugehen und mittels der Fragestellung ›Wozu‹ Altes zu formen und Neues zu entdecken. Stellen wir uns einen Bauern vor, der auf seinen abgemähten Feldern steht und mit Wehmut und Leid an die blühenden Felder *denkt* und jetzt nur noch einen trostlosen Acker unter seinen Füßen sieht.

Für gewöhnlich sieht der Mensch nur das Stoppelfeld der Vergänglichkeit; was er übersieht, sind die vollen Scheunen der Vergangenheit. Im Vergangensein ist nämlich nichts unwiederbringlich verloren, vielmehr alles unverlierbar geborgen. Nichts lässt sich aus der Welt schaffen, was einmal geschehen ist; kommt nicht alles nur umso mehr darauf an, dass es in die Welt geschaffen wird.

Viktor Frankl[9]

Dieses Gleichnis steht in unmittelbarem Zusammenhang mit der sinnorientierten Lebensbilanz, fördert und motiviert den Menschen in eine sinnvolle Zukunft zu schauen. Unsere Geschichte ist ein Schatzhaus. Es hilft den Menschen in notdürftigen Zeiten, sich an den Reichtum von erfüllten Werten zu erinnern. Erfüllte Werte sind der wahre Reichtum des Lebens. In der Vergangenheit zählen die verwirklichten Werte, sinnhafte Haltungen und all jene Leistungen, die zu einem »trotzdem Ja zum Leben sagen« führten. Die Rückschau in die Vergangenheit mit Fokussierung auf negative familiäre, gesellschaftliche und politische Einflussfaktoren reduziert den Menschen in seiner Würde. Neben der Reduzierung wird auch die Abhängigkeit betont. Werden einmal falsche Entwicklungen im System der Gesellschaft gesucht, werden ein anderes Mal die Gründe bei den Eltern, beim Partner oder sogar in den Konstellationen der Planeten gesucht. Sind es in der weiteren Vergangenheit die schlechte Kindheit, die falsche Erziehung, so sind es in der näheren Vergangenheit oft die falschen Ehepartner,

Arbeitgeber und die scheinbar fehlenden Möglichkeiten von Veränderung, die den Menschen verführen, sich nicht von der Stelle zu bewegen. Erinnert der Partner immer alte Streitthemen in einem Gespräch, wärmt er regelmäßig alte Themen auf, die zu Streit geführt haben und die Schwäche des Partners berühren, sucht er die Gründe für sein eigenes Verhalten nicht bei sich selbst.

Bleiben wir gleich beim Partnerstreit. Das Paar streitet sich, jeder will sich verstanden fühlen, eine Menge an Argumenten wird hervorgebracht, wenn nötig auch in der Vergangenheit gewühlt, alte Generalthemen zum Einsatz gebracht und vor kleinen Verletzungen und Kränkungen nicht zurückgeschreckt. Jeder möchte das Recht auf seine Seite ziehen. Es werden Erwartungen und Abhängigkeiten heftig zur Sprache gebracht und generelle Vorwürfe in den Raum gestellt. Endlich werden sich die Kontrahenten ihrer verfahrenen Situation bewusst und versuchen, zuerst das Gegenüber mit seinen Argumenten zu verstehen und zuzuhören, Ich-Botschaften zu senden, die Vergangenheit ruhen zu lassen und zu eigenen Fehlern zu stehen. Im optimalen Verlauf werden die Partner nach Beendigung eines Streits Frieden schließen durch gegenseitige Annahme der Person und die Diskussion als ›Ernte‹ in ihre jeweilige Scheune zu den anderen Erfahrungen des Lebens einbringen. Wie der Bauer werden die Partner eine neue Aussaat machen, denn in der Zukunft liegen die Ernte und alle Möglichkeiten für das weitere sinnvolle Leben.

Das Scheunengleichnis fokussiert die positiven Ereignisse des Lebens und richtet den Blick auf den Sinn, der aus der eigenen Vergangenheit für die Gegenwart gezogen wird. Damit werden Fehler zu Erfahrungen für die Gegenwart und Zukunft und es wird aus Leid eine sinnvolle Stellungnahme. In dieser Sichtweise ist Zukunft immer ein großer Raum von Möglichkeiten, Hoffnungen und Chancen.

ALLES VERGANGENE TRAGEN WIR IN UNS

Negativ oder positiv Erlebtes ist Bestandteil unseres Werdens. Über alle Abschnitte und Einheiten des Lebens hinaus symbolisiert die Scheune die Einheit unseres Lebens. Das gesamte Leben, auch Halbvergessenes, Abgestoßenes, Fremdgewordenes und Abschnitte des Lebens, mit denen wir lieber nichts mehr zu tun haben wollen, sind in die Scheune als unsere Ernte eingefahren und sind in der gleichen Scheune zusammen mit anderen Bereichen des Lebens, den schönen Seiten des Lebens, erlebten positiven Ereignissen. Unser vergangenes Leben wird aufbewahrt und kann nicht gestohlen werden, es ist unser eigener Schatz. Der Mensch, der sein Leben als eine Einheit wie eine Scheune sieht, wird Wesentliches von Unwesentlichem wie die Spreu vom Weizen trennen können, unbewusst zwischen dem, was für ihn wichtig und bedeutungsvoll war, und allen anderen Bereichen trennen. Das Wesentliche des Lebens, die Werte, nach denen wir forschen müssen, werden Wurzeln schlagen und uns Kraft für die Zukunft geben.

Wir kommen nochmals auf den eingangs erwähnten Reminiszenzhöcker zu sprechen, der besagt, dass die schönsten und häufigsten Erinnerungen um das 25. Lebensjahr sind. Im Rückblick eines Lebens stellen wir immer wieder fest, dass die Studentenzeit eigentlich die schönste Zeit war. Eine Zeit ohne große Verantwortung, eine Zeit der Freiheit und aller Möglichkeiten des schönen einfachen Lebens. Bei genauerer Überlegung stellen wir jedoch fest, wie schwer die Zeiten vor den Prüfungen waren mit ihrer damit einhergehenden Nervosität. Die Abbrecherquote zeigt letztendlich auch die Schattenseiten des Studentenlebens auf. Trotzdem bleibt für diesen Zeitabschnitt aus heutiger Sicht die Freiheit ohne große Verantwortung als charakteristisches Element haften und trägt dazu bei, diesen Lebensabschnitt in positiver Sicht zu behalten und mit Dankbarkeit zu versehen.

In der Scheune unserer Vergangenheit

Denken wir nochmals über die Situation des Studenten nach und versetzen uns zum Ende seines Studiums. Er wird froh sein, das Studium endlich zu beenden und das Erlernte in Beruf und Arbeit ausführen zu können, sich mehr leisten und mit vollem Engagement Verantwortung im Leben übernehmen zu können. In dieser Umbruchphase wird der Student anders über die Studentenzeit denken, er wird möglicherweise froh sein über die großen Veränderungen in seinem Leben und darüber, das bisherige Leben abschließen zu können. Er wird froh über seinen beruflichen Einstieg sein und die dazugehörigen Anforderungen.

Woran wir uns erinnern, kann gestern oder vor 50 Jahren gewesen sein. Dass wir uns erinnern, so der Professor für Psychologiegeschichte Draaisma, spielt sich im *Heute* ab. Unser vergangenes früheres Selbst erscheint im Heute und landet im Heute der Gefühle und Gedanken. Erinnerungen sind kein Aktenordner, sondern verändern sich im Gebrauch. Vergangenes ist nicht tot. Je länger der ehemalige Student im Beruf arbeitet, sich in einem Hamsterrad fühlt, große Verantwortung übernommen hat, seine Kinder das Leben verändern, werden rückblickend neue Ansichten entstehen. Selbstverständliches wird in der Vergangenheit neu bewertet und geordnet und das Material, das in der Scheune liegt, nach erfüllten Werten neu sortiert. Unsere Vergangenheit lebt und wird immer einer neuen Be*wert*ung unterzogen. Erst wenn der erwachsene Mensch selbst seinen Kindern das Studium finanziert, wird aus der eigenen Erfahrung, sein Studium selbstverständlich finanziert bekommen zu haben, eine andere Sichtweise zu seinen Eltern entstehen.

Wie ein Weinbauer sind wir, wenn wir in den Weinkeller hinuntersteigen und die verschiedenen Jahrgänge betrachten. Da wird es schlechte Jahrgänge geben, Weine, die in der Flasche noch gut reifen müssen, und es wird prächtige Jahrgänge geben. Durch die Erfahrung, auf die wir zurückgreifen können, wie sich Weine noch entwickeln und wie sie schmecken werden, würden wir nie sagen, dass unser Keller keinen Wert hätte. Unsere Möglichkeiten verwirklichen wir durch die Gegenwart in die Vergangenheit hinein. Der Weinbauer verwirklicht seine Möglichkeiten der Qualität des Bodens, der Lage, Wetter, Behandlung der Reben etc. durch die Gegenwart in seine Vergangenheit hinein, die wir direkt begehen und schmecken können: den Weinkeller.

Über die Welt der Gegenwart und die Welt der Zukunft erhebt sich eine unzerstörbare ewige Welt. Sie kann nicht mehr vergehen, in ihr ist kein Tod zu finden. Über der Vergänglichkeit steht Beständiges, das sinnvoll und sinnlos Gelebte, das den Schwerpunkt unseres Lebens vom Vergänglichen verschiebt in Unvergängliches einer ewig existierenden Welt: unsere Scheune.

Viktor Frankl zeigt die unterschiedliche Stellungnahme zur Vergänglichkeit des Lebens anschaulich an einem Beispiel: Der Pessimist gleicht einem Menschen, der vor einem Wandkalender steht und mit Furcht und Trauer sieht, wie der Kalender tagtäglich dünner und sein Leben immer kürzer und die verbleibenden Möglichkeiten immer weniger werden. Der positiv denkende Mensch, der seinem Leben einen Sinn abringen kann, wird das täglich abzureißende Kalenderblatt mit seinen täglichen Erfahrungen beschreiben und auf den Stapel der anderen Kalenderblätter legen und sich über seinen Schatz an Erfahrungen freuen, der beständig mehr wird. Um was sollte der positiv denkende Mensch einen jungen Menschen beneiden? Vielleicht um die Möglichkeiten, um die Zukunft, die ein junger Mensch vor sich hat. Aber auch ein positiv denkender Mensch hat Zukunft, auch wenn sie noch so kurz sein wird, er hat Zukunft, bis zu seinem Tod weiterhin sinnvoll zu wirken.

Geht es um das quantitative Vergleichen, größer und kleiner, mehr oder weniger, in unserem Leben?

Nein, der positiv denkende Mensch hat die Wirklichkeit, die zu seiner Vergangenheit wurde, als seinen Reichtum in die Scheune des Lebens eingebracht, mit seinem erlittenen Leiden, mit seiner Liebe und mit seinen gestalteten Taten und Werken. Je mehr in die Scheune eingebracht wird, desto genauer wird ein Gesamtbild vom Sinn des Lebens gezeichnet, Altes einer neuen Bewertung zugeführt, aufgeladene Schuld gewandelt und Zukünftiges in einem anderen Licht gesehen. Wir erkennen: Auch wenn die Kreise unseres Lebens durch das Altern kleiner werden, unsere Scheune an verwirklichten Werten wächst permanent an. Wir werden reich an erfüllten Werten.

WESENTLICHES UND UNWESENTLICHES

Ein Mensch, der sein Leben als eine Einheit trotz vieler Brüche sieht und seine Vergangenheit in sein gegenwärtiges Leben integriert, kann auch fast vergessene und noch immer nicht vergessene negative Ereignisse wandeln. Erinnerungen werden von neuen Erfahrungen des Lebens und von neuen Kräften erfasst und verarbeitet und neu eingeordnet. Anerkennung und Wertschätzung für seine eigene gelebte Vergangenheit mit den erfüllten Werten ist ein Therapeutikum und stärkt das Vertrauen, mutig und sicher in die Zukunft zu blicken. Erinnerungen sind keine harten Gegenstände oder fest zementierte Bilder, sondern haben eine lebendige Funktion für unsere Gegenwart. Wir können unser Leben als eine Chronik schreiben, ähnlich einem Lebenslauf bei Bewerbungen, Zahlen und Fakten für uns sprechen lassen. Es wird eine Aufeinanderfolge verschiedener Lebensabschnitte sein, die mehr oder minder eine Verbindung miteinander haben. Diese Lebensläufe können im Erreichten beachtlich sein und trotzdem arm sein an Lebenserfahrung und Sinnerfüllung. Erich Fromms Buch über das Haben und Sein stellt unmissverständlich die Unterschiede in den Lebensentwürfen dar. Die großen Erfolge im Leben, die aneinandergereihten Zahlen und Fakten eines Lebens und Wachsens täuschen aber nicht über die Tatsache hinweg, dass vielfach das Leben im Haben einer Illusion gleicht und zusammenbricht, wenn eine Krankheit zum Umdenken herausfordert, wenn das

Erfolgsgebäude, aus welchen Gründen auch immer, einbricht. Das Vertrauen in unser bisher geführtes Leben gewinnen wir nicht durch Quantität von Aktivitäten und Sammlungen, sondern es hängt von der Qualität unserer Werte, die wir verwirklichen, ab. Was vom Leben übrig bleibt, sind nicht die Ansammlungen, es sind die erfüllten Werte und Taten, die zum Wohle der Gesellschaft geleistet wurden.

Auch wenn eine Vergangenheit komplett schlecht gelaufen wäre und überhaupt keine positiven Aspekte zu erkennen wären, können wir eine befruchtende Sicht für die Gegenwart und Zukunft einnehmen. Wenn wir die Möglichkeiten unseres Freiraums nutzen, aus der so schlechten Vergangenheit die Erkenntnis ziehen, jetzt den ersten wirklichen Wert zu leben, hat die negative Vergangenheit bewirkt, sich nach Sinn zu orientieren. Gleichgültig, wie ein Leben bisher verlaufen ist, wir können immer einen Wert für die Gegenwart formen, der es wert ist, gelebt zu werden.

Wir können unser Leben als eine Geschichte schreiben, mit dem Versuch einer Annäherung an einen tieferen Sinn unserer Lebensabschnitte, mit dem Versuch, einen roten Faden von Stärken und Schwächen in unserem Leben zu erkennen. Aus dem eigenen Leben, geschrieben in Form einer Geschichte über gelebten Sinn und verwirklichte Werte, schöpfen wir die Kräfte für eine sinnvolle Zukunft, abgeerntete Felder neu zu bestellen und, wie der Bauer, der auch im nächsten Jahr eine Ernte erwirtschaften möchte, unsere Geschichte fortzuschreiben. Wir müssen sinnvolle Wege beschreiten, in der Hoffnung auf unsere Ernte: Glück, Zufriedenheit, Sinnerfüllung und vieles mehr.

Erinnerungen und Erfahrungen können Kräfte für die Zukunft mobilisieren, dazu beitragen, Sinn in der Gegenwart zu erkennen, und helfen, nicht leere, abgeerntete Felder zu sehen, sondern Möglichkeiten, sein Leben weiter zu gestalten. Je mehr wir unsere Ernte in wesentliche Abschnitte und Ereignisse trennen, je mehr wir in reiche sinnvolle Ernte und unwesentliche sinnlose Ernte unterscheiden, werden wir in der Gegenwart und Zukunft mit gleicher Sorgfalt unterscheiden und wählen. Neben der Beziehung zur eigenen Vergangenheit, die nicht stillsteht, sondern wandelbar ist, werden die wesentlichen Dinge aus der Vergangenheit die Wurzeln sein, aus denen Neues für die Zukunft entsteht, aus denen die Kräfte kommen, Neues in sich aufzunehmen, sei es in positiver oder negativer Erfahrung.

Der Philosoph Otfried Höffe sieht drei Phasen eines Lernprozesses, um im Alter Sinn zu finden. In der ersten Phase, dem ›resignativen Altern‹ finden wir uns mit traurigen Wirklichkeiten ab. Es sind die körperlichen und geistigen Kräfte, auch die sozialen Verluste, die wir wahrnehmen. In unserem Beispiel sind es die abgeernteten Felder, die uns belasten und möglicherweise in eine resignative Stimmung versetzen. In der zweiten Phase wenden wir uns altersgerechten Interessen und Beziehungen zu. Dieses abwägend-integrative Altern lässt den Blick frei werden auf unsere Ernte in der Scheune und uns hinwenden auf neue Aufgaben, auf das Säen von Samen. Eine gewisse Vollendung erreichen wir in der dritten Phase, in einem ›kreativen Altern‹. In dieser Lebensphase sind die Zwänge von Konkurrenz und Karriere aufgehoben und das Mehr oder Weniger im Haben uninteressant geworden. In den Vordergrund rücken Bereiche wie Selbstachtung, Güte, Offenheit, Unbestechlichkeit und Humor. Wenn heute in der Gesellschaft die Klage zu hören ist, es mangle an entsprechenden Persönlichkeiten in Politik und Wirtschaft, zielt es im eigentlichen Sinn immer auf Menschen, wie Höffe sie für die dritte Lebensphase beschreibt: Wir vertrauen bei einer Krisenlösung in wirtschaftlicher und politischer Hinsicht eher Menschen, die unabhängig, parteiübergreifend, integrierend und unbestechlich sind. Es sind nicht die Manager mit astronomischen Gehältern, sondern Persönlichkeiten mit Tugenden und Werten.

EINHEIT SCHAFFT SICHERHEIT

Hat sich der Mensch in der Tätigkeit seines ganzen Lebens allmählich zu einer Einheit geformt, können ihn Schicksalsschläge, abgeschlossene Lebensabschnitte, Berufsende oder der körperliche Verfall und unvorhergesehene Ereignisse nicht zerstören. Emil Lucka dazu: »Der zur Einheit einer Persönlichkeit Aufgewachsene ist lebendig bis in seine letzten Tage, in gewissem Sinne besiegt er das Alter.«[10] Wer gelernt hat, sein bisheriges Leben als ein Kontinuum aufzufassen mit seinem entdeckten Lebenssinn, wird auch das künftige Leben mit weniger Sorgen und Ängsten sehen und voller Neugier, Achtsamkeit und Bewusstheit neue Felder bearbeiten und Samen zur Aussaat bringen.

Es wird der Zeitpunkt kommen, wo wir kein Tennisturnier mehr spielen können, die Berge, die wir besteigen, kleiner werden, die körperliche Liebesfähigkeit abnimmt, aber dennoch wird der Mensch seine ganze Fülle von Menschlichkeit einsetzen, auch weiterhin das Leben als eine Einheit sehen mit abgeschlossenen Abschnitten, aber nicht ängstlich in die Zukunft blicken und gleichzeitig versuchen, sich mit aller Kraft an der Vergangenheit festzuklammern. Mütter werden ihre Söhne in die Freiheit des Lebens entlassen und sich nicht egozentrisch in Szene setzen und klammern, und die Väter werden sich freuen, wenn die Töchter heiraten, und nicht eifersüchtig auf den Schwiegersohn sein.

Menschen, die starr an einem Zeitabschnitt hängen, die nicht überwinden können, dass der Partner gestorben ist, die nicht überwinden können, dass die körperlichen Kräfte nachlassen, die allgemein gesprochen einen abgeschlossenen Zeitabschnitt nicht in das bisherige Leben integrieren können, haben die Tendenz, ihre Zukunft feindselig und geringschätzig, also ängstlich zu sehen. »Das Alter fordert uns heraus, das Loslassen einzuüben«, so Anselm Grün. Auch wenn im Alter das Loslassen schmerzlicher ist als in der Jugend, haben wir Vergangenes in unser eigenes Leben zu integrieren. Wir müssen lernen in vielen Bereichen des

Lebens loszulassen, um wieder Neues und Anderes zu entdecken, auch sich die Frage zu stellen, wozu mich die neue Lebenssituation herausfordert. Wo könnte das zu Verwirklichende für mich liegen? Wir lernen das Loslassen von Besitz, Gesundheit, Beziehungen, Sexualität, Macht und Einfluss und trotz dieses Loslassens wird unser Leben weiterhin sinnvoll durch uns gestaltet werden können.

Die Unsicherheit gegenüber Neuem kann jederzeit bewältigt werden, auch durch eine bewusste Schau auf den Sinn des Augenblicks, auf den Sinn des künftigen Lebensabschnitts und auf Werte, die noch zu verwirklichen sind. Die abgeernteten Felder wollen nicht leer bleiben, sie wollen neu bestellt werden, wir haben uns mit der Zukunft zu befassen, auch wenn die Zeitspanne für Möglichkeiten geringer wird. Befassen wir uns nicht mit den zu bestellenden Äckern, wird Unkraut, Sinnloses und wild Wucherndes unser künftiges Leben beeinträchtigen und die Ernte negativ beeinflussen. Trotz fortschreitender Lebensuhr bleiben Möglichkeiten, das Leben zu gestalten, bis zuletzt bestehen. Das Leben geht erst mit dem Eintritt des Todes verloren, bis zu diesem Eintritt stehen wir in unserer Freiheit, jederzeit Antwort geben zu können auf die jeweilige Situation, in der wir uns zurzeit befinden.

Die Bedeutung des Wortes ›Sinn‹

Das Wort Sinn bedeutet etymologisch ›reisen‹. Sinn hat etwas zu tun mit Zielen und Zukunft, mit Bewegung und Entwicklung. Menschen setzen sich Ziele und möchten die Zukunft gestalten. Dabei ist der Wille zum Sinn ausschlaggebend, das heißt, wie und welcher Weg eingeschlagen wird, die Ziele, die immer Zukunft darstellen, zu erreichen. Mit anderen Worten ist Sinn ein teleologischer Begriff, also ein Begriff der Ziel- und Zweckgerichtetheit der Wirklichkeit auf eine sinnerfüllte Zukunft hin. Wer eine Reise unternimmt, bleibt nicht stehen, ist unterwegs. Wer ein sinnvolles Leben führen will, muss reisen, unterwegs sein und nicht egozentriert nach seinen Wünschen und Begierden Ausschau halten, was er möchte. Wer reisen möchte, kann nicht an vergangenen Zeitabschnitten festhalten und wird lernen, dass Reisen mit Veränderung und Abschiednehmen zu tun hat.

Die Logotherapie Viktor Frankls begründet ihre Theorie mit dem obersten Grundsatz: Der Mensch ist ein Wesen auf der Suche nach Sinn.

Ein qualitätvolles Leben hängt vom Sinn ab, den wir erkennen können. Wenn der Mensch die Frage stellt: »Wer will ich sein?«, um zu einem sinnerfüllten Leben zu gelangen, wird letzten Endes immer die absolute Seinswerdung stehen. Damit wird auf die geistige Dimension fokussiert, die das Vermögen in sich trägt, sich in Substanz umzuformen. Eine Person mit vielen Lebensabschnitten wird zu einer Persönlichkeit, die Freiheit mit Verantwortung als eigene Grenze hat, zu einem Subjekt, einem Individuum (Einheit). Der Mensch ist ein unteilbares Individuum. Er lässt sich nicht aufteilen und reduzieren auf die Psyche oder den Körper. Eine Krankheit, die den Körper und die Psyche befällt, kann das Individuum nicht teilen, der leidende Mensch wird immer eine Ganzheit darstellen, auch wenn es im Augenblick der Krankheit für die Angehörigen schwer sein kann, hinter der Krankheit die ganze Person, das Individuum zu erkennen. Wenn ein Mensch zum Beispiel eine Depression hat, ist es für die Angehörigen immer schwer zu unterscheiden, was ist Krankheit und wo ist das Individuum. Die Angehörigen sind immer aufgefordert, hinter der Krankheit die ganze Person zu sehen, wie sie normalerweise im gesunden Zustand ist.

Die Frage nach dem Sinn des Lebens, dem Sinn des Augenblicks oder der Zukunft ist als eine urmenschliche Frage zu bezeichnen. Die Fragestellung kann nie krankhafte Züge annehmen, ist nicht Ausdruck krankhaften Daseins, sondern Ausdruck des Menschseins schlechthin. Es ist Ausdruck des Ringens nach Sinn, die Suche, einem sinnlosen Ereignis etwas Sinnvolles abzugewinnen, und es kann Ausdruck der inneren Verzweiflung sein, keinen

Sinn sehen zu können. Die Sinnfrage kann einen Menschen überwältigen und ihn beispielsweise in folgenden Punkten treffen:

- das bisherige erfolgsverwöhnte, nach außen orientierte Leben aufgeben zu müssen
- zu erkennen, was eigentlich nie war: Einkommenssicherheit, scheinbare Selbstsicherheit und falsches Selbstvertrauen
- die Tatsache anzunehmen, dass nur wir selbst uns den Sinn im Leben geben können und wir der Impulsgeber für unser eigenes Leben sind
- Ehrfurcht vor dem Leben bekommen, da nicht Macht, Wissen, Geld und Reichtum das Heilige in unserem Leben sind
- zu erkennen, dass nur wir selbst Veränderungen bei uns einklagen können, nur für unsere Veränderung verantwortlich sein können und nichts erwarten dürfen
- zu sehen, dass Wachstum nicht immer sinnvoll sein kann, aber jedes Wachstum ein Ende hat
- wahrzunehmen, dass die Bedingungen, die wir vorfinden, oft sinnlos sind, wir aber trotzdem mit diesen Bedingungen leben lernen müssen
- für eigenes schuldhaftes Verhalten die Verantwortung zu übernehmen
- unter Freiheit nicht Willkür zu sehen
- mir bewusst zu werden, dass der Mensch als solcher meinesgleichen und mein Nächster ist

DER SINN DES LEBENS

Können wir den existenziell frustrierten Menschen von heute einen Sinn geben?, fragt Frankl und er meint weiter, dass wir froh sein müssten, wenn er dem Menschen von heute nicht genommen wird, nämlich vonseiten einer reduktionistischen Indoktrination.

Nein, wir können keinem Menschen Sinn geben, es würde erstens auf ein Moralisieren, wie Frankl es nennt, hinauslaufen und zweitens die Prämisse der Freiheit des Menschen nicht korrekt wiedergeben. Sinn geben würde eine Ontologisierung der Moral bedeuten, wobei die Moral dann die jeweilige Instanz des abverlangten Sinnes ist und eine Person für böse gehalten wird, wenn der Sinn nicht erreicht wird. Ein Mensch kann daher einem anderen Menschen keinen Sinn bieten und geben, wenn er nicht vorher bereits seine eigene Bewertung des Sinns vorgenommen und damit zu einem normativ handelnden Gesetz gemacht hätte. Es ist immer falsch, einer anderen Person zu einer Handlung zu raten, nur weil der Ratgebende selbst die Handlung als sinnvoll erachtet.

- Sinn kann nicht gegeben werden, Sinn muss jede Person selbst finden
- Sinn muss durch die Person selbst gefunden werden und kann nicht erzeugt werden
- Sinn kann jede Person finden
- Wir können anderen Menschen helfen, ihren Sinn zu finden
- Alle Menschen sollen Vorbild durch ihre eigene Sinnfindung sein
- Unabhängig von der Stellung des Menschen in der Gesellschaft kann jeder Sinn finden
- Sinn ist naturwissenschaftlich gesehen nicht messbar

- Unabhängig von Alter, Bildungsgrad, von Geschlecht, Kultur-kreis, Nationalität, physischen Voraussetzungen und Religion kann jeder Sinn finden

Sinn muss dem Leben entnommen werden
Kurt Hiller, Schriftsteller und Pazifist, hat 1940 in einer Rede über den Sinn des Lebens referiert: »Wir dürfen jeder über unser Leben sagen: ›Hat es keinen Sinn, so habe es einen!‹« Und weiter bemerkt Hiller, dass der Mensch ein vernünftiges Wesen sei, souverän, seinem Leben einen Sinn zu geben. Das Tragische seiner Erkenntnis hindert nicht den Triumph seines Willens. Einmal eingesetzt in dieses Wunder Leben darf er gestalten, darf er seinen Willen einschalten, dass dieser mit dem einmaligen, seltsamen, unergründlichen Geschenk anfange, was ihm vernünftig erscheine.

Viktor Frankl spricht im Zusammenhang mit der Sinnfindung auch von der Urmotivation des Menschen, Sinn in seinem Leben finden zu wollen. Ist daher Motivation mit Sinn in Verbindung zu setzen oder sind Sinn und Motivation zwei unterschiedliche Ansätze?

WAS IST MOTIVATION?

Das Wort ›Motiv‹ entstand im 16. Jahrhundert und ist entlehnt aus dem mittellateinischen Wort ›motivum‹ für ‹Beweggrund, Antrieb‹. Es handelt sich um einen Motor für Handlungen. Im Gegensatz dazu steht das Wort ›Interesse‹, das ebenso aus dem Mittellateinischen stammt und übersetzt ›an etwas Anteil nehmen‹, ›dazwischen sein, beteiligt sein‹ bedeutet. Während das Motiv eine Handlung auslöst, steht das Wort Interesse auch für eine passive Form, für eine Option einer Handlung. Wer an etwas ein Interesse hat, ist in etwas involviert oder berührt, wird tangiert von einem Gegenstand. Wir können viele Interessen haben, am

Leben beteiligt zu sein, und wir sind auch interessiert, beteiligt zu sein an sinnvollem Älterwerden.

Was können nun Beweggründe sein, die einen Menschen zu Handlungen oder neuen Denkweisen anregen, einen neuen Weg zu beschreiten? Es sind nie einzelne Bilder, die einen Menschen bewegen, es sind Bündel von Bildern, die den Menschen oft unbewusst antreiben. Was kann das Motiv sein, dass ein älterer Mensch eine Fremdsprache zu lernen beginnt?

– Training des Gehirns
– Freude am Lernen
– Freude, auch andere Menschen gleichen Interesses zu treffen
– Das Land der Sprache bereisen zu wollen
– Aktiv sein Leben zu gestalten
– Eine Welt zu erschließen, die bisher durch die Sprachbarriere verschlossen war
– Vorbild für seine Kinder und Enkel zu sein, das Leben entdecken zu wollen
– Über die neuen Erfahrungen mit seinen Mitmenschen zu kommunizieren

Unterschiedliche einzelne Motive stehen kaum allein, es ist immer eine ›Bündelung von Einzelmotiven‹, die zu Handlungen führen. Diese Vielzahl von Einzelmotiven beruht auf zum Teil lange gefestigten Einstellungen, auf Überzeugungen, Erfahrungen und auf tief verinnerlichten, manchmal sogar ›vererbten‹[11] und tradierten Motiven oder sie entstehen kurzfristig und spontan. Motive sind keine Augenblicksstimmungen. Motive sind Einstellungen, die durch bestimmte Situationen aktiviert werden, und wirken dauerhaft positiv, wenn sie mit Sinn und Werten unterlegt werden.

Da der Mensch Sinnerfüllung in seinem Leben verwirklichen möchte, tragen auch solche Motive für eine Sinnerfüllung bei, die auch ihrerseits sinnvoll sind. Hinter jeder Aufgabe oder Handlung steckt ein Bündel von Motiven. Je sinnvoller die Einzelmotive sind, desto mehr wird die betreffende Person die Aufgabe als sinnvoll erachten. Natürlich gibt es immer auch Bereiche, die in ihrer Negativität Einfluss in Entscheidungen haben. Wenn die positiven Eindrücke und Prognosen für Sinnerfüllung überwiegen, kann auch das eine oder andere negative Argument getragen werden. In den vielen positiven Gründen, die eine ältere Person für einen Sprachkurs anführen kann, werden auch Gründe der Unlust zu finden sein. Die Regelmäßigkeit des Kurses oder das Lernen von Vokabeln wird aber letztendlich mitgetragen, weil die positiven Gründe und Rückflüsse die Handlungsentscheidung überwiegen werden. Die Rückflüsse sind Zufriedenheit, Glück und Sinnerfüllung.

Der Rückfluss ist also durch eine Aufgabe, eine Tätigkeit oder Hinwendung mit Aufgabencharakter zu erreichen. Die Zufriedenheit kann nur ›er-folgen‹. Eine direkte Ansteuerung von Zufriedenheit ist nicht möglich. Niemand kann auf Befehl zufrieden sein, Sinnerfüllung spüren und nachhaltig glücklich sein. Sich den Befehl zu erteilen, jetzt glücklich zu sein oder Sinnerfüllung zu spüren, funktioniert nicht. Wenn ein Bergsteiger das Gefühl der Gipfelerstürmung erleben möchte, kann er sich zwar zu Hause kraft Gedankenvorstellung das Bild zurechtrücken, aber das tiefe Gefühl von Zufriedenheit wird erst nach der tatsächlichen Realisierung eintreten. Im Vordergrund für die Aufmerksamkeit steht immer etwas anderes als der Rückfluss Zufriedenheit. Im Vordergrund steht der Aufgabencharakter einer Tätigkeit, die Hinwendung in die Gesellschaft oder das Lösen eines nicht zu umgehenden Problems. Wir nennen es die Wege, die zu Sinnerfüllung führen.

Glück: nicht das Ziel, sondern der Weg
Glück ist eine Folge von Handlungen, eine Wirkung und kann nicht als direktes Ziel angestrebt werden. Gerade wer krampfhaft bemüht ist, glücklich zu werden, und es als Motiv setzt, versperrt sich selbst den Weg zum Glück. Wir können nicht auf Befehl

glücklich sein, wir können auch nicht zu einer bestimmten Zeit und einem bestimmten Ort glücklich sein. Wir benötigen immer einen Grund zum Glück, ein ›Transportmittel‹, einen Weg (Zweck). Gründe gibt es viele, aber das Streben nach sinnvollen und mit Werten behafteten Gründen wird immer zu einem Zustand der Zufriedenheit und des Glücks führen. Wenn wir nun eine neue Sprache lernen, bedarf es eines Einsatzes, Mühe, Geduld und Zeitaufwands. Wie ein Bauer müssen wir zuerst säen, um zu ernten. Die Ernte ist Zufriedenheit, wenn wir erkennbare Fortschritte im Spracherwerb spüren, vielleicht Anerkennung aus dem Bekanntenkreis kommt und wir generell spüren, dass sich der Aufwand lohnt. Der Bergsteiger kann auch mit dem Helikopter auf den Berg fliegen. Sicherlich wird das beeindruckende Panorama eine positive Stimmung auslösen, aber wesentlich kürzer und oberflächiger wirken, als mit Mühe und Schweiß den Berg selbst erklommen zu haben.

Nur wer nachhaltig investiert, wird auch nachhaltig Sinnerfüllung und Zufriedenheit spüren.

Bei direkter Ansteuerung von Glück, Lust und Zufriedenheit betreten wir sehr schnell den Bereich von neurotischen Verhaltensweisen oder von Abhängigkeiten. »Anstatt dass die Lust das bleibt, was sie sein muss, wenn sie überhaupt zustande kommen soll, nämlich eine Wirkung (die Nebenwirkung erfüllten Sinns und begegnenden Seins), wird sie nunmehr zum Ziel einer forcierten Intention, einer Hyperintention«, so Frankl. In der direkten Ansteuerung einer Wirkung für unser Belohnungssystem liegt die Gefahr auf der Hand, rasch die Dosis einer Wirkung erhöhen zu müssen, um irgendein Gefühl zu spüren. Die Suchtgefahr und Abhängigkeit steigt, weil es keine Gründe für die Belohnung selbst gibt. Es ist ein großer Unterschied zwischen Glück *haben* und glücklich *sein*. Glücklich *sein* als Erfolg / Wirkung muss ›bezahlt‹ werden, sonst wäre dieses Privileg ein unverdientes Geschenk.

Bedenken wir anhand eines Beispiels die Mittel-Ziel-Wirkung: Da das Erleben als Selbstzweck nur kurzfristig funktioniert, benötigen wir ein zu erfüllendes, möglichst sinnvolles Ziel. Der Zweck des Ehrenamtes zum Beispiel ist, anderen Menschen zu helfen. Es ist ein sinnvolles Ziel. Die Mittel dazu sind Zeit, Einsatz, Verzicht. Die Wirkung und das Ergebnis sind Sinnerfüllung, Zufriedenheit und vieles mehr. »Menschen«, so der Theologe Hans Küng, »die sich um andere kümmern, empfangen. Doch Menschen, die sich nur um sich kümmern, verkümmern.«

Kommen wir zu dem eingangs erwähnten Beispiel des Spracherwerbs im Pensionsalter zurück. Es gibt viele sinnvolle Gründe zum Lernen der neuen Sprache: Gehirntraining, Freude am Lernen, andere Menschen kennenlernen, das Land der Sprache bereisen wollen. Es gibt auch Gründe, die beim ersten Nachdenken Unlust erzeugen, wie Regelmäßigkeit des Kurses, der Zeitaufwand und die Fahrt zum Lehrort. Der ›Pensionär‹, oder auch der ›Abwägende‹, wie die lateinische Wurzel des Wortes Pension bedeutet, wird wiegen und entscheiden. Wie wir sehen, besteht das Bündel von Motiven nicht nur aus positiven Einzelkriterien, auch negative Punkte sind integriert. Da diese aber in der Unterzahl sind und in der Gesamtschau nicht das Gewicht für eine ablehnende Entscheidung haben, wird der Lernende diese negativen Punkte in Kauf nehmen. Da die gesamte Aufgabe in ihrer sinnvollen Zielsetzung überwiegt, wird eine positive Wirkung durch den Rückfluss den Menschen motivieren, weiterzumachen. Anders wäre es, wenn auf der Waage der Motivation die negativen Punkte zu überwiegen beginnen und in der Summe die Waage in die andere Richtung kippt. Es kann sein, dass nicht die richtige Sprache gewählt wurde, diese zu schwierig zu lernen ist oder andere Einflüsse die Basis der Entscheidung ins Wanken bringen. Wie wir bei diesem Beispiel sehen, benötigen wir eine Aufgabe, um eine nachhaltige Wirkung, wie Freude, Zufriedenheit oder Glück zu spüren, zu empfinden. Auch sinnlose Aufgaben erzeugen Wirkungen: Frustration, Ablehnung, Überwindung, Depression, Aggression. Insbesondere Menschen, die in ihrer Arbeit keinen Sinn erkennen, bedürfen dringend eines Regulativs auf der anderen Seite der

Waage, damit die Bilanz des aktuellen Lebens sinnlos / sinnvoll ausgeglichen wird.

Die Gedanken Frankls, dass zuerst sinnvolle Ziele angesteuert werden sollten, um eine nachhaltige Wirkung zu erzielen, werden in der Gehirnforschung heute nachvollzogen. Wichtig dabei ist die Erkenntnis, dass zuerst die Vernunft für eine Entscheidung eingeschaltet werden sollte, bevor rein emotionalen Entscheidungen Taten folgen. Vernunftentscheidungen sind Entscheidungen, die auf einer anderen Ebene gefällt werden als Entscheidungen, die Emotionen betreffen. Im Kapitel »Was ist der Mensch?« werden wir auf die Unterscheidung genau eingehen. So viel soll hier aber schon entfaltet werden: Die Vernunft ist die ›Schwester des Sinns‹, wirkt unabhängig von der psychischen Ebene, aus der Emotionen und Kognitionen den Körper steuern. Der Verstand erklärt und beschreibt das Leben. Die Frage nach dem Wie ist dabei entscheidend. Die Vernunft nach dem Warum von Begriffen reguliert das Leben und wertet. Die Vernunft ist deshalb Schwester des Sinns durch die Wertung, welche die Vernunft in der Auswahl des ›Gesollten‹ durchführt.

So wurde am Bonner Institut für Neuroökonomie die Kaufentscheidung von Probanden untersucht. Mittels Videobrille wurden den Probanden im Gehirnscanner Produkte mit und ohne Rabattzeichen gezeigt:

Wir fanden, dass, wenn man Rabattsymbole im Kernspin präsentiert, Bereiche im Gehirn aktiv sind, die mehr mit Emotionalem oder Bauchentscheidungsverhalten zusammenhängen. Also nicht wirklich die kognitiven Areale, die zeigen, dass man stark darüber nachdenkt, sondern mehr Bereiche, die mit Bauchempfindungen zusammenhängen. In Wirklichkeit hat dieses Bauchgefühl seinen Sitz aber im Gehirn. Tief hinter den Augen im basalen Vorderhirn befindet sich der sogenannte Nuclus Accumens, auch Belohnungszentrum genannt. Und dessen Aktivierung verursache – nicht nur beim Menschen – ein ungeahntes Wohlbefinden.[12]

Wenn Versuchstieren Elektroden in das Zentrum des Belohnungssystems im Gehirn eingepflanzt werden und ihnen beigebracht wird, durch eine Taste im Käfig diese Elektrode zu stimulieren, sich sofort ohne Gründe zu belohnen, wird diese Taste exzessiv betätigt. Die Tiere nehmen ab, vernachlässigen ihre Partner und verhungern letztendlich. Die direkte Belohnung ohne Gründe führt bei diesem Test zum Tod der Tiere. Um unser Belohnungssystem nachhaltig zu aktivieren und zu stimulieren, benötigen wir Gründe zum Stimulus. Alkohol, Tabletten und Drogen wären unsere Stimulustaste ohne Gründe gemäß der Versuchsanordnung bei den Tieren. Wenn wir frustriert sind, im augenblicklichen Leben keinen Sinn finden und auch die Zukunft nicht besonders motivierend ist – eines möchte der Mensch trotzdem: Sinnerfüllung und ein angenehmes, zufriedenes Lebensgefühl. Erkennt der Mensch in solch schwierigen Phasen keine Gründe für Sinnerfüllung, steigt die Gefahr, einen Stimulus direkt anzusteuern, sei es durch Drogen, Rauschgifte oder andere direkt erzeugende Wohlfühlstimulantien. Wenn wir von den Rauschgiften und anderen Substanzen absehen, die rasch abhängig machen, sind kurzfristige Tätigkeiten, die schnell zu einer gewissen angenehmen Stimmung führen, durchaus angezeigt. Schon Augustinus hat vor 1600 Jahren gemeint, dass Menschen in Not zuerst ein Vollbad nehmen und gut speisen sollten, bevor sie Entscheidungen fällen.

Einzelmotive können sich verändern. Je stärker und schneller sich die Lebensbedingungen verändern, desto eher kommt auch das Bündel von Motiven unter Druck. Gesellschaftliche Entwicklungen und Modeströmungen können Motive genauso verändern, wie neue Interessen Motive verschieben. Auch Werte als Motive können sich verändern. Durch gesellschaftliche Entwicklungen sind sie nicht mehr zeitgemäß und nicht mehr Ziel von Handlungen. Wir wären längst ausgestorben, wenn wir uns nicht flexibel auf die natürlichen Veränderungen eingestellt hätten. Es ist immer ein sorgfältiges Abwägen zwischen Veränderung und

Beibehalten von Verhalten und Zielen notwendig. Das macht unser Leben aber auch spannend und bereichernd.

Nicht am Festhalten von Motiven und Traditionen, deren Inhalte verloren gehen können, erkennen wir unsere Freiheit, sondern im verantwortungsvollen Reagieren auf Veränderungen.

WENN MOTIVE VERSCHWINDEN

Die ›kognitive Dissonanz‹, ein Phänomen, das erstmals im Jahr 1957 beschrieben wurde, zeigt den inneren Ablauf auf, wenn Motive mit der Wirklichkeit nicht mehr übereinstimmen. Es wird sich die innere Vorstellung mit der Realität reiben. Auf der ersten Stufe werden viele Argumente für die Beibehaltung der Motive gesucht. Hier können beispielsweise Gründe gefunden werden, warum Männer tendenziell bei Beschwerden später zum Arzt gehen als Frauen. Ein Mann mit Gesundheitsbeschwerden passt nicht in das Bild von Stärke, das der Mann von sich hat. Es werden Gründe gesucht, warum die gesundheitlichen Beschwerden sicherlich von selbst wieder verschwinden und keiner weiteren Betrachtung unterzogen werden müssen.

Elisabeth Lukas beschreibt die konstante Informationssammlung in diesem Stadium, welche die alten Motive stützen sollen und dadurch zu dissonanten Informationen werden. Ab einer gewissen Intensität des Zwiespalts befindet sich die Person im zweiten Stadium, sucht Informationen, die eine Wende zulassen können. Wenn wir wieder auf unser Beispiel des Spracherwerbs zurückkommen, denken wir uns folgende Situation: Die Person steht vor der Pensionierung, ist noch voller Glaube, den Pensionsschock nicht zu erleiden, schiebt mangelnde Zeit und Interesse als Gründe vor, um über die Zeit nach der Arbeit nicht nachzudenken, und meint, es irgendwie schon zu schaffen. Aber der Zwiespalt wächst nach Eintritt in die Pension durch das Aufkommen des Gefühls der Leere und Langeweile. Jetzt werden positive und sinnvolle Informationen gesucht, die eine Wende zur Entscheidung, einen Kurs zu belegen, zulassen.

Niemand ist frei von kognitiven Dissonanzen, aber die Motive sollten immer überprüft werden. Als Beispiel seien Menschen erwähnt, die mit ihrem Arbeitsplatz unzufrieden sind, aber nicht den Mut und die Kraft aufbringen können, einen Wechsel vorzunehmen. Es werden Gründe aufgebaut, um die Frustrationen der Arbeit zu ertragen und bleiben zu können. Nach dem Vorbeiflug einer Schwalbe als kleines positives Zeichen wird sofort der Sommer ausgerufen als Bestätigung und wenn dieser vermeintliche Sommer nicht eintritt, ist der Katzenjammer wieder groß. Die Person lebt mit einer dauernden Krise. Es kommt aber der Zeitpunkt, wo die Gründe für einen Wechsel so stark werden, dass die Kraft und der Mut, in die Ungewissheit zu gehen, wachsen.

Hat Motivation zwingend mit Sinn zu tun?

Die ursprünglichste Motivation des Menschen ist das Streben nach Sinn, so Frankl. Diese Grundannahme entzieht sich einer zeitlich vergangenen Dimension, insofern die Suche nach Sinn, eine Entscheidung zu treffen oder nur sinnvoll zu handeln eine *Möglichkeitsform* der Zukunft darstellt. Der Österreichische Schriftsteller Robert Musil spricht von einem ›Möglichkeitssinn‹, wenn es einen ›Wirklichkeitssinn‹ gibt.

In jeder Möglichkeitsform liegen Chance *und* Risiko. Wo das Risiko die Alternative einer Entscheidung ist, wird uns das Gewissen leiten und den ›Möglichkeitssinn‹ in einen ›Wirklichkeitssinn‹ verwandeln. Erst in der Wirklichkeit erkennen wir damit die Richtigkeit einer Entscheidung und gewinnen Klarheit über diesen die Handlung betreffenden Sinn. Wir können in der Möglichkeitsform sprechen und denken und mit Vernunft und Gewissen handeln und uns Motive setzen. Musil schreibt dazu:

Ein mögliches Erlebnis oder eine mögliche Wahrheit sind nicht gleich wirklichem Erlebnis und wirklicher Wahrheit weniger dem

Wert des Wirklichseins, sondern sie haben ... etwas Göttliches in sich, ein Feuer,..., einen Bauwillen und bewussten Utopismus, der die Wirklichkeit nicht scheut ...[13]

Wenn wir als sinnorientierte Menschen dieses Göttliche, dieses Feuer als unser Motiv des Handelns gleichsetzten, sind Werte, die Sinnuniversalien des Handelns. Den Möglichkeitssinn einer Handlung können durchaus andere Menschen beschreiben, aber ob tatsächlich Sinn entsteht, ob Entscheidungen sinnvoll sind, muss erst, wie in einem Kinofilm das Abspielen der Rolle, das Beschreiten des Weges ergeben. Bis zum Ende eines Filmes wissen wir nur den Inhalt des Filmes, soweit wir ihn schon gesehen haben. Wir vermuten zwar den Fortgang, aber je nach Film kann eine plötzliche Handlungswende zu einer Überraschung führen und der Film ein anderes Ende nehmen, als angenommen. Krankheit, Arbeitslosigkeit oder andere nicht eingeplante Rückschläge können den Möglichkeitssinn erheblich verändern und dem Film eine bisweilen dramatische Wende geben. Der Blick in die sinnvolle Zukunft betrifft den Möglichkeitssinn. Durch Taten aus dem großen Bereich unserer Möglichkeiten verwirklichen wir den Sinn über die Gegenwart hinein in unsere Vergangenheit. Der Sinn wurde zu Wirklichkeit, er wurde verwirklicht und bereichert jetzt unsere Vergangenheit, unsere Scheune des vergangenen und geernteten Lebens. Er ist ein vergangener verwirklichter Sinn.

Können Motive, die eine Handlung auslösen, auch sinnlos sein? ›Wertlose‹ Motive sind immer sinnlos. Motive können auch deshalb sinnlos sein, wenn wir Motive ausschließlich aus egozentrierter Sicht als Beweggrund betrachten. Die Sehnsucht eine Luxusjacht zu besitzen, kann ein Motiv für eine Berufswahl sein, Börsenmakler zu werden, um schnell ›reich‹ zu werden, die Ehefrau zu verlassen, weil sie zeugungsunfähig ist, sind weitere egozentrierte Motive, ebenso wie die Kinder als Kampfmittel im Scheidungskrieg heranzuziehen. Werden Motive gewählt, die dazu da sind etwas zu erreichen, läuft der so Motivierte Gefahr sich einerseits beim Scheitern des Ziels zu überfordern und anderseits das Ziel an sich direkt anzusteuern. In vielerlei Hinsicht ist eine Orientierung nach Zielen, die uns erst sekundär betreffen, gesünder. Der junge Mensch kann das Studium der Medizin unter anderem deshalb wählen, weil er einen Status in der Gesellschaft erreichen will (sinnlos), er kann das Studium aber auch wählen, weil er gern anderen Menschen helfen möchte (sinnvoll). Ersteres kann auch erreicht werden, wird aber nicht die anhaltende Motivation sein, wie mit ›Leidenschaft‹ erfolgreich zu sein. Wenn eine ältere Person eine neue Sprache lernt, liegt der Wert zuerst auch außerhalb. Der Wert der Gesunderhaltung ist ein Motiv, die Erarbeitung eines Verständnisses anderer Kulturen und die Vorbildwirkung für Kinder und Enkel, dass Lernen nie abgeschlossen ist, sind Werte, die nur sekundär auf die Person wieder zurückfallen.

WERTE

Das Wort ›Wert‹ kann zurückgeführt werden auf die Bedeutung ›gegen etwas gewendet‹. Daraus hat sich vermutlich die Bedeutung von ›einen Gegenwert habend‹ entwickelt.

Werte sind heute:
- abstrakte Sinnuniversalien und Leitlinien auf der Suche nach Sinn
- allgemeine und grundlegende Orientierungsmaßstäbe für Handlungen
- Gründe für sinnvolles Leben (die Sinnerfahrung ist daher die Folge von Werterfahrung)
- Werte tragen moralische Aussagen in sich
- Werte sind zeitlos, aber die Zeit kann Werte in ihrer Bedeutung verändern
- Werte sind ›erstrebens-*wert*‹

Während Sinn an eine einmalige personale Situation gebunden ist, beziehen sich Werte auf umfassende Sinnmöglichkeiten. Sinnfindung ist eine einmalige Situation und wirkt bei jedem Menschen anders. Werte sind wie Leuchttürme im Meer und sind die Orientierung für unser Leben. Sie gelten umfassend über einen längeren, bisweilen ewigen Zeitraum. Das Gute, Wahre und die Gerechtigkeit sind solch allgemeinen Werte, nach denen wir uns ausrichten. Auch die sogenannten Kardinaltugenden

– Weisheit oder Klugheit (sapientia bzw. prudentia),
– Gerechtigkeit (iustitia),
– Tapferkeit (fortitudo, magnitudo animi)
– Mäßigung (temperantia)
– Glaube (fides)
– Liebe (caritas)
– Hoffnung (spes)

können wir zu den Werten zählen. Die Erleichterung, die der Mensch von mehr oder weniger allgemein geltenden Werten erfährt, wird dem Menschen um den Preis, dass er in Wertekonflikte gestürzt werden kann, angeboten. Gerade in einer Krise geht es auch immer um Werte, die nicht eingehalten werden können, um Werte, die nicht mehr erreichbar oder für die Person untergegangen sind. Die Klage betrifft immer indirekt einen Wert, der seine positive Wirkung bei der Person nicht entfalten kann. Die Klage über die Krankheit ist die Sehnsucht nach Gesundheit, die Klage über den nicht auszuhaltenden Ehepartner ist die Sehnsucht nach Liebe und Frieden in der Partnerschaft, die Angst um seinen Arbeitsplatz ist möglicherweise die Freude, arbeiten zu können, und die Verweigerung, sein Alter anzunehmen, eine Verweigerung, die Jugend als seinen Wert loszulassen und mit der Ungewissheit einen neuen Lebensabschnitt mit neuen Werten kennenlernen zu wollen.

UNWERT	WERT
Krankheit	Gesundheit
Streit in der Partnerschaft	Harmonie und Liebe
Arbeitslosigkeit	Arbeit
Alter	Jugend
Falten	Schönheit
Rechthaberei	Selbstsicherheit
Angst	Sicherheit im Leben

Für Frankl gibt es Situationen, in denen der Mensch vor eine Wertewahl gestellt wird, vor die Wahl zwischen einander widersprechender Prinzipien oder zweier gleich wichtiger Werte. Nehmen wir als Beispiel eine zerrüttete Ehe: Beide Partner empfinden nichts mehr füreinander, aber es müssen noch kleine Kinder erzogen werden: Auf der einen Seite steht der Wert des Friedens durch Beendigung der Beziehung und auf der anderen Seite der Wert, Kindern eine Heimat und Geborgenheit zu geben. Permanenter Streit in der Ehe schadet genauso, wie eine Trennung die Familie für immer teilt. Eine richtige Entscheidung ist hier schwer zu treffen. Soll dann die Wahl korrekt getroffen werden, ist der Entscheider auf sein Gewissen, das frei, aber nicht willkürlich und verantwortungslos entscheidet, zurückgeworfen. Das Tragische an einer Entscheidung kann sein, dass wir erst nach Verwirklichung des Möglichen (Möglichkeitssinn) wissen, ob die richtige Entscheidung getroffen wurde (Wirklichkeitssinn). Selbst Viktor Frankl war in einer schweren Wertekrise, als er während des 2. Weltkriegs in Wien im Oktober 1941 die Ausreisegenehmigung nach Amerika erhielt, seine Eltern aber in Wien bleiben mussten. Einerseits die Freiheit und Sicherheit, andererseits der mögliche Verlust seiner Eltern; sie erhielten kein Ausreisevisum – der sichere Tod war ihnen gewiss. »Durfte ich meine Eltern allein zurücklassen, um irgendwohin zu gehen und meine Ideen zu entwickeln« so seine sich selbst gestellte Frage, auf die er eine Antwort suchte. Er selbst konnte sich nicht entscheiden. Ein Symbol als Zeichen war letztendlich ausschlaggebend für die Entscheidung, in Wien zu bleiben, und damit war er der gesamten Tragik der jüdischen Bevölkerung auch persönlich ausgesetzt.

Werte können durchsetzt sein von Modeerscheinungen, die Werte zu einem Unwert machen. Werte können auch einen Zeitwert haben und mit Veränderung der Gesellschaft nicht mehr erstrebenswert sein. Das Schweigen vor Gericht, krankhaft überzogene sogenannte Vaterlandsliebe bis zur Ausländerfeindlichkeit sind ebenso wenig Werte, wie Werte auszuhöhlen, um den Anschein einer Gerechtigkeit aufrechtzuerhalten. Beispielsweise jene ›Werthaltungen‹, die es in der Mafia gibt, oder wenn mit dem Begriff der Freiheit an den Börsen Spekulationen gegen das Wohl eines Landes geführt werden, um maximale Gewinne herauszuschlagen. Der Wert ›Gerechtigkeit‹ wird ebenso ausgehöhlt, wenn Angestellte aufgrund von Bagatellverfehlungen fristlos entlassen werden und andererseits Bestechung zur Argumentation dienen soll, Arbeitsplätze zu erhalten, oder das Verlangen, ›mir etwas zuliebe zu tun‹. Die Sinnhaftigkeit von Werten kann sich im Laufe der Zeit auch verändern: Mit dem Begriff Freiheit wird heute anders in der Erziehung umgegangen als noch vor 50 Jahren. Der Begriff ›des ehrbaren Kaufmanns‹, hinter dem ein ganzer Moralkodex stand, ist heute kaum noch üblich in einer Zeit, wo in der Wirtschaft das Verhalten nach Werten in den Hintergrund gerückt ist. Der Vertrag hat Handschlagqualität. Es ist eine Ehrbezeichnung, dass dem Vertragspartner ohne Schriftsatz mit Unterschrift geglaubt werden kann und Vereinbarungen eingehalten werden. Leider ein Wert, von dem in unserer Zeit wenig zu hören ist.

LOGOTHERAPIE: ÜBERZEUGEND UND ZEITLOS

Ausgehend von der Fragestellung, was Altern eigentlich ist, um die Relativität des Begriffs festzustellen, sind wir den Spuren nachgegangen, inwiefern wir eine Lebenskurve durchschreiten, beginnend von der Stunde null, unserer Geburt, zu einem Höhepunkt und Zenit im Leben bis zum Tod, der zweiten Stunde null und Austritt aus dem Leben. Dieses Modell entspricht annähernd dem körperlichen Aufbau und Verfall, hat aber den Nachteil, dass wir die zweite Hälfte des Lebens als einen permanenten Abbau unserer Fähigkeiten erleben, des ›nicht mehr Könnens‹ und des Rückzuges, der beginnenden Leiden und Krankheiten. Es stellt sich allerdings die Frage, ob wir nicht eine Dimension in uns tragen, die nicht kleiner wird, sondern unabhängig eines Alterungsprozesses existiert, vielleicht sogar wächst, sich entwickelt und entfaltet. Gibt es etwas in uns, das zu innerem Reichtum führt, auf dass wir unser Leben rückblickend mit Anerkennung und Wertschätzung erleben und somit positiv in die Zukunft sehen?

Diverse Modelle zum Altern bauen darauf auf, dass die seelische Entwicklung nach Stufen erfolgt und das Ende einer Stufe immer mit einer Krise einhergeht. Es würde bedeuten, dass der Körper in medizinischer Sicht ab einem gewissen Alter wieder abzubauen beginnt, aber die Seele sich schrittweise einer Logik folgend entwickelt und wir in der Endstufe weise und erleuchtet sind. Alle Stufenmodelle der Lebensentwicklung, Modelle, die zu einer Integrität der Person führen, um weise zu werden, können kritisch betrachtet werden und reduzieren letztendlich den Menschen auf eine jeweilige Stufe seiner augenblicklichen Entwicklung. Die Gefahr, den Menschen als eine Person der jeweiligen Stufe anzusehen, als einen, der ganz in der jeweiligen Stufe verhaftet ist, lehnen wir aufgrund des Reduktionismus dieser Aussagen und unseres eigenen Menschenbildes ab. Diese Modelle sind zwar in der Bevölkerung durch die schnelle Möglichkeit, Menschen einordnen zu können, sehr populär, wir sind aber mehr als ein Stufenmodell unserer Entwicklung im Leben. Wir können Kinder als Kinder behandeln, wir können aber die Kinder auch mit Respekt behandeln und deren Probleme als genauso wichtig annehmen, wie wir mit unseren eigenen Problemen umgehen.

Ob Kind oder Erwachsener, ob Kranker oder Gesunder: Wir sind immer nur mit einer Kategorie zu messen – wir sind alle sinnorientierte Menschen.

Der Grundgedanke des Menschen seit Beginn der modernen Wissenschaften ist der Glaube an die Beherrschbarkeit der Natur und daran, nach Regeln und Gesetzmäßigkeiten die Funktionalität des Menschen zu erkennen und zu beschreiben. Damit werden wir katalogisiert, wägen uns in der Sicherheit, alles von uns entschlüsseln zu können, reduziert und letztendlich entseelt. Unsere Welt wird rationalisiert und intellektualisiert. Je tiefer wir in unsere Zellen, Neuronen und Atome eindringen, eines werden wir dort nie finden: unseren Sinn! Wir sind keine Lebensmaschine irgendwelcher Bauart, weder ein Typ noch ein abreagierendes logisches Wesen. Neben dem Glauben an die Funktionalität gibt es noch einen anderen Grund für diese Auffassungen: Die Kategorisierung des Menschen erleichtert das Leben und stellt sich gegen die Furcht vor Veränderung. Es bietet scheinbare Sicherheit. Seine eigenen lieb gewonnenen Lebensgewohnheiten aufzugeben, bedeutet Unsicherheit, Abschied nehmen und Neues entdecken. Es darf nicht wundern, wenn der Mensch prinzipiell Sicherheit in der Ordnung und Aufrechterhaltung seiner Lebensumstände sucht. Genau das, nämlich die Aufrechterhaltung und Wiederherstellung der inneren stabilen Ordnung, so der Neurobiologe Gerald Hüther, also der Schutz der inneren Organisation des Körpers, ist die eigentliche Aufgabe des Gehirns. Es ist also im normalen Maß menschlich, vor Veränderungen eine gewisse Scheu und Angst zu verspüren.

Wir stellen erneut die Frage nach einem Modell, das nie seine Gültigkeit verliert und auch in größter Not den Menschen helfen kann, Positives zu sehen und Sinn zu finden für ein Weiterleben in Zufriedenheit.

Wir kommen zum Modell der Logotherapie. Die Freiheit des Willens, der Wille zum Sinn, der Sinn des Lebens sind jene Grundlagen, die in *jedem* Augenblick des Lebens, in *jeder* Schicksalsstunde und Leiderfahrung nicht zusammenbrechen und immer angewendet werden können. Es sind die Fundamente unseres sinnvollen Lebens. Fundamente können nicht einstürzen. Wollen wir im Leben Zufriedenheit, Glück, Flow und Sinn erfahren, muss alles quantitativ Erfassbare möglichst *nicht* im Lebensmittelpunkt stehen. Dies sind die Gebäude, die einstürzen können und vergänglich sind. Sie können uns durch Wirtschaftskrisen, Insolvenz, Diebstahl, Kriege, Naturkatastrophen oder Krankheit genommen werden. Solange keine einschränkende Gehirnerkrankung wie Demenz, Depression, Schizophrenie, Alzheimer vorliegen, können wir mit unserer Freiheit, auch wenn sie auf die gedankliche Freiheit reduziert worden ist, zum Beispiel im Fall einer Querschnittlähmung, zu jeder Situation unseres Lebens Stellung nehmen und versuchen, auch in offensichtlich sinnlosen Situationen und Ereignissen möglichst sinnvoll zu reagieren. Es ist die kopernikanische Wende, die uns dazu führt, auf die jeweilige Lebenssituation zu antworten.

Wir haben weiter aufgezeigt, was Sinn ist und wie es sich mit den Werten verhält. Sinn ist eine personale Stellungnahme zu einer ganz bestimmten Situation oder einem persönlichen Lebensabschnitt und Werte sind Sinnuniversalien. Werte betreffen immer mehrere Menschen und sind die Leuchttürme im Meer unseres Lebens. Das Wahre, das Gute, das Schöne etc. sind allgemeine Ziele und Werte für *alle* Menschen in einer Gesellschaft.

Dazu zählen auch:

- Frieden in seiner Umgebung schaffen
- ein freundliches Wort
- echtes Lob, Gelassenheit, Toleranz
- Nachbarschaftshilfe, Hilfsbereitschaft
- eigene Freude mit anderen Menschen teilen
- zuhören, was das Gegenüber zu sagen hat
- sich zu den eigenen Fehlern bekennen, deeskalierend wirken
- nachhaltig wirtschaften und vieles mehr.

HAT DAS LEBEN SINN?

Bevor wir uns mit Sinn und Werterfüllung in der zweiten Lebenshälfte beschäftigen, haben wir die Frage zu klären, warum ausgerechnet für uns Menschen Sinn im Leben wichtig ist und wer wir als Person eigentlich sind. Warum ist das Streben nach Macht in einer anderen Perspektive zu sehen als das Streben nach Sinn? Wie verhält es sich mit der Gier? Wo liegen die Unterschiede zum Tier? Weshalb können wir Menschen auch gegen Gefühle Stellung nehmen, uns gegen den Hunger entscheiden im Gegensatz zum Tier, das frisst, wenn es Hunger hat? Warum erzeugen Tiere keine Kunst und denken nicht über die Unendlichkeit des Raumes nach? Können wir daraus Schlüsse für unser eigenes Leben ableiten?

MIT SINN GEHT ALLES LEICHTER

Im Laufe der Geschichte sah man den Menschen immer wieder als eine Art Maschine. Schon in der Renaissance wurden bewegliche Puppen mit mechanischen Konstruktionen gebaut. Auch in der Philosophie und Wirtschaftswissenschaft gab und gibt es solche Ansätze, beispielsweise im Aufsatz *L'homme machine* des französischen Arztes und Philosophen Julien de La Mettrie beziehungsweise der betriebswissenschaftliche Ansatz des amerikanischen Ingenieurs Frederik Taylor. Sein Ziel war es, Arbeit maximal zu zerlegen, um bessere Berechnungen anstellen zu können. Eine Folge war die Einführung der ersten Fließbänder durch Henry Ford. Noch Sigmund Freud reduzierte den Menschen auf ein triebhaftes Wesen und übersah die Tatsache, dass er zwar den Menschen richtig beschrieben hatte, aber nur einen Teil von ihm erkannte. Noch heute behaupten vereinzelt Wissenschaftler, dass es die Freiheit im eigentlichen Sinn überhaupt nicht gibt und wir immer aus dem Unbewussten gesteuert werden. Als Viktor Frankl als 17-Jähriger in der Schule den Vortrag seines Biologieprofessors hörte, das Leben sei letztendlich nichts anderes als ein Oxidationsprozess, rebellierte er und fragte sich, was das Leben denn dann für einen Sinn hätte.

Wir erreichen auch ohne Sinn im Leben selbst gesetzte Ziele, sind lebensfähig und können unsere Zeit genießen. Ohne Sinn sind wir aber anfällig für alle Verlockungen, die Bedürfnisse erzeugen, da eine ausschließliche Lustorientierung immer nach Steigerung verlangt. *L'art pour l'art*, die Kunst um der Kunst willen, oder in unserem Fall, Lust um der Lust willen, wäre die Verselbstständigung der Ziele. Ein Machtstreben ohne sinnvolle Zielsetzung kann sich genauso verselbstständigen wie die Zielsetzung, mehr Geld zu besitzen. Ziele brauchen Sinn. Es wird jedoch einen Moment im Leben geben, in dem zum ersten Mal die Frage nach einem Sinn gestellt wird. Sei es, dass eine unerwartete Krankheit den gewohnten Lebenslauf beeinträchtigt, die Partnerbeziehung scheitert, das Streben nach sinnlosen Zielen zum Aufgeben zwingt oder ein anderer Einfluss den Menschen auf den Boden der Tatsachen wirft.

Wenn Emil Lucka darüber schreibt, dass der erste Gedanke an den eigenen Tod die Jugend beendet, bedeutet dies auch zum ersten Mal über den Sinn seines eigenen Lebens nachgedacht zu haben. Die Jugend hat sehr viele Möglichkeiten vor sich, das Leben zu gestalten, ist reich an Möglichkeiten, aber arm an Erfahrungen. Je älter wir werden, desto ärmer werden wir an Möglichkeiten, aber wir werden reicher an Erfahrungen. Erfahrungen spiegeln immer auch Krisen wider, die wir durchlebt haben, die zu lösen waren. Bei Krisen erscheint der Sinn als eine Möglichkeit zur Krisenbewältigung.

Sinn drängt sich nicht auf, es gilt ihn zu entdecken. Sinn ist leise und schreit nicht nach Erfüllung. Wer sinnvolle Entscheidungen trifft und sich mittels sinnvoller Entscheidungen und Haltungen aus Krisen herausmanövrieren kann, wird immer eine positive Erfahrung behalten: Mit Sinn lässt sich alles leichter ertragen!

Nehmen wir als Beispiel einen 60 Jahre alten Unternehmer, dessen Lebenswerk aufgrund der wirtschaftlichen Rahmenbedingungen zusammengebrochen ist und der, durch die persönlichen Haftungen bedingt, nicht nur seine Firma, sondern auch sein gesamtes privates Vermögen durch Privatinsolvenz verliert. Seine Möglichkeiten sind wesentlich geringer als die eines 20-Jährigen, aber in der Phase der Krise und des Zusammenbruchs sieht er sie nicht mehr – obwohl es sie trotz seines Alters gibt. Der Verlust des Wertes – das Unternehmen, meistens neben der engeren Familie der Hauptwert eines Lebens – wiegt schwerer als die Chancen einer weiteren Gestaltung seiner Möglichkeiten. Hinzu kommen erschwerend Selbstverachtung, das eigene Stigma, ein Verlierer zu sein, und das Gefühl, wie ein nackter Mensch durch die Straßen zu gehen. Von Sinnfindung ist in solchen extremen Situationen kaum die Rede.

Ohne Sinnfindung, ohne den Glauben und die Hoffnung auf ein sinnvolles Weiterleben wird der Unternehmer entweder sein Leben durch Selbsttötung beenden, in kurzer Zeit eine Depression erleiden, dem Alkohol verfallen, ein Sozialfall oder Landstreicher werden oder durch eine Krankheit frühzeitig sterben. In jeder Krise hilft Sinn, den Menschen zu stabilisieren, gleichgültig, wie schwer die Krise ist.

WAS IST DER MENSCH?

Wer ein negatives Menschenbild hat, trägt nicht nur eine sehr schwere Last auf seinen Schultern, sondern reduziert den Menschen auf das, was er scheinbar ist: ein negativer Mensch in einer negativen Gesellschaft. Es widerstrebt uns, den Kern der Menschlichkeit aufzugeben, keine Ideale zu haben und unser ganzes Ich einer ›bösen‹ Psyche, ausschließlich den Trieben und Wünschen zuzuordnen. Unabhängig von gewissen Lebenserfahrungen, die, wie wir eingangs bei der Bilanzziehung feststellten, unser Gesamtbild trüben können, sind wir aufgerufen und gefordert, einem Menschenbild zu vertrauen, das es möglich macht, diese Lasten abzuwerfen und positiv gestimmt mit Offenheit und Neugier anderen Menschen zu begegnen.

Je stärker wir ein Ideal herausarbeiten, desto eher können wir uns auch diesem Idealbild annähern. Es entspricht der Art und Weise, wie im Mittelalter Bauwerke entstanden sind: ›ad modum‹, nach einem Ideal, meistens der Idee eines kreativen Baumeisters folgend. Die Logotherapie und Existenzanalyse basiert auf einem solchen Menschenbild, das immer zu Sinnorientierung herangezogen werden kann, in dem die Rückverbundenheit des Menschen abzulesen ist (religio) und alle Facetten des Menschseins sichtbar gemacht werden können. Dies formt nicht nur den Menschen, es bleibt innen auch ein positives Bild zurück. Diese Denkstrukturen stabilisieren unser eigenes Leben bei negativen Einflüssen, Schicksalen, bei Leid und anderen Widrigkeiten. Das eigentliche Menschsein hat seinen Ursprung in der inneren Kraft, in der Trotzmacht des Geistes, in der Fähigkeit zu Selbstdistanz und in der Rückverbundenheit, in der Transzendenz zu etwas, das höher ist als wir.

Gehen wir von einem einfachen Beispiel aus, mit dem die Anthropologie (Menschenkunde) erklärt werden kann. Wenn wir das Bild einer Kutsche betrachten und die Kutsche, die Pferde und den Lenker als eine Einheit sehen, stellen wir Folgendes fest:

Die Kutsche bedarf der Pferde, um bewegt zu werden. Die Pferde werden problemlos den Wagen bewegen können, wenn die Kutsche intakt ist, also zum Beispiel die Räder in Ordnung und die Deichseln geschmiert sind. Die Pferde werden ohne Lenker zwar vorwärtstraben, aber sicherlich bei der ersten besten Wiese unschlüssig werden, ob der Hunger mit dem saftigen Gras gestillt oder noch etwas getrabt werden soll. Sie werden ohne Ziel entweder stehen bleiben oder sich gegenseitig zanken, um den eigenen Willen durchzusetzen. Es bedarf des Kutschers, der nicht nur ein Ziel vorgibt und die Pferde bändigt und antreibt, sondern er wird sich auch durchsetzen gegen den Willen der Pferde, um bei saftigem Gras trotzdem auf der Straße zu bleiben. In der Einheit Kutsche, Pferd und Lenker sind alle drei Bereiche für sich gesehen wichtig, aber nur in der Einheit können Ziele verfolgt werden. Nur der Lenker kann die Ziele effizient und sinnvoll auswählen und ansteuern.

Ähnlich das Beispiel mit einem Orchester: Es hängt nicht nur von der Qualität der einzelnen Musikinstrumente ab, wie das Stück erklingt, sondern auch von jedem einzelnen Spieler. Aber nur der Dirigent (das ICH) wiederum kann in der Gesamtkonzeption alle Kräfte vereinigen und zu einem klangvollen Erlebnis dirigieren. Was nutzt das beste Musikinstrument, wenn der Spieler nicht gewillt ist, es ordentlich zu spielen? Was nutzt das beste Orchester, die besten Instrumente, wenn das zu spielende Stück durch den Dirigenten (das ICH) schlecht interpretiert wird. Das Orchester wird auch ohne Dirigent ein Stück spielen können, aber das gleiche Stück wird bedeutend besser klingen mit einem Dirigenten, der bei schwierigen Passagen und Einsätzen seine Akzente setzt und eine Interpretation des Stückes vornimmt. Jeder einzelne Spieler wird sich bemühen, aber erst der Dirigent macht aus der Komposition ein Erlebnis.

Wenn wir den Menschen als ein Wesen auf der Suche nach Sinn ansehen, der sein Leben nach Sinnmöglichkeiten ausrichtet – sinnorientiert ist –, können wir das Kutschenbild auch anders lesen:

Die Kutsche ist der Körper, unser Soma, in dem alle biophysikalischen und chemischen Prozesse ablaufen. So wie die Kutsche infolge Abnutzung repariert und instand gehalten werden muss, unterliegt auch der Körper des Menschen einem Alterungsprozess. Der Mensch wird seinen Körper genauso pflegen wie der Kutscher seinen Wagen.

Die Pferde stellen unsere Psyche dar, unsere Emotionen und Fähigkeiten, uns durch die Triebe zu erhalten. Das einfachste Erlebnis ist der Hunger als ein Trieb zur Selbsterhaltung. Jeder Mensch kennt auch den Nahrungs- oder Fortpflanzungstrieb, der die Sinnesapparate anregt, um ihn zu befriedigen. Das Pferd wird bei der ersten Möglichkeit fressen, der Mensch allerdings wird entscheiden, was er tut. Geht es nach dem Willen der Psyche, wird der Hunger befriedigt werden und alle anstehenden Aufgaben bleiben liegen. Das bewusste Wollen nach einem Denkprozess wird den Menschen veranlassen, entweder zu essen oder einem andern Ziel den Vorrang zu geben. Der Trieb wird dadurch an die Leine gelegt, geführt und erst dann dem Wunsch nach Essen stattgegeben, wenn es die Situation erlaubt und es sinnvoll ist.

›Trieb‹, ein Wort aus dem 9. Jahrhundert, bedeutet ›(Vieh) treiben‹ und ›forttreiben‹ und später ›Eifer, Energie, innerer Antrieb‹. Ohne Triebe können wir (das ICH) unsere Kutsche nicht forttreiben, unserem Körper nicht Leben einhauchen. Das ICH benötigt die Einheit Pferde und Kutsche, um seine Ziele zu erreichen. Wenn die Kutsche altersgebrechlich wird und die Pferde ungestüm nach vorn drängen, wird die Kutsche zusammenbrechen. Aber auch eine gute stabile Kutsche kann Schaden nehmen, wenn die Pferde auf holprigem Weg zu schnell dahingaloppieren, genauso wie älter werdende Menschen ihre Leistungskraft überschätzen können oder jüngere Menschen ausbrennen bei zu hoher dauerhafter Belastung (Burn-out).

Der ›Entscheider‹, der die Frage löst, ob gegessen oder einer anderen Aufgabe der Vorzug gegeben wird, in welchem Tempo auf dem Weg gefahren wird, ist der Lenker. In der Logotherapie wird er die ›geistige‹ Dimension genannt, in dem das ICH sitzt. Ohne Lenker ist die Einheit Kutsche und Pferd hilflos, wird sie keine Ziele durch die drängenden Kräfte der Pferde verfolgen können. Wir würden wahllos im Leben sein und das Dasein reduzieren auf das Befriedigen der Basistriebe, Nahrung, Erhaltung und Unterhaltung. Wir wären in der Tierwelt gefangen. Das ICH entscheidet aber in jeder Sekunde seines Daseins über das eigene Dasein für den nächsten Augenblick und die Zukunft. Wir sind ein ›Entscheidendes Sein‹, wie der Philosoph und Arzt Karl Jaspers den Menschen bezeichnet. Ohne den Lenker würden die Pferde ihre eigenen Ziele der Triebbefriedigung verfolgen und die Kutsche nicht zu ihrem sinnvollen Ziel bringen. Der Kutscher kann nicht restlos erkennen, was in den Pferden vor sich geht. Der Kutscher sollte auch nicht die Pferde ständig beobachten und immer ihre Beweggründe zu ergründen versuchen (Warum-Fragen), sondern das Ziel seiner Reise im Auge behalten, nämlich Sinn im Leben zu erfüllen. Es kann ein junger Kutscher oder ein älterer Kutscher sein, die Ziele des weiteren Lebens, die angesteuert werden, können sich verändern, das Grundziel, die Urmotivation – die sinnvollen Wege des Lebens zu bereisen – bleibt immer bestehen. Für Sinnorientierung benötigen wir die geistige Dimension – den Kutscher.

Die Zustände unserer *Psyche* werden sehr leibnah erlebt und sind mit dem Soma, dem Körper, untrennbar verbunden, wie aus psychosomatischen Erkrankungen und Stressreaktionen ersichtlich wird (z. B. Herzrasen, Schwitzen, schlaflose Nächte, Lampenfieber). Der Mensch ist aber auch eine Ganzheit inklusive Geist (Kutsche, Pferd und Lenker). Alle Phänomene des Geistigen, wie Trauer und Freude, werden ebenso leibnah durch Psyche und Soma erlebt und führen zu körperlichen Befindlichkeiten und Veränderungen, obwohl sie Erscheinungen geistiger Natur sind.

Dem Schaubild auf S. 99 entnehmen wir, dass ausschließlich der Mensch sich durch alle drei Dimensionen definiert. Weder das Tier noch die Pflanzenwelt haben eine geistige Dimension. Der Mensch hat ein Psychophysikum und *ist* geistige Person, daher kann auch jede gesunde Person sagen: Ich bin. Selbstdistanzierung und Selbsttranszendenz sind die Energiequellen, so die Psychotherapeutin Elisabeth Lukas, »durch die wir unser Selbst verlassen und uns der übrigen Welt zuwenden können, sie eröffnen die Pforten nach ›außen‹, den Blick auf die Unendlichkeit dessen, was außer uns selbst existiert«. Mit der Trotzmacht unseres Geistes können wir uns gegen negative Erscheinungen unserer Innenwelt wehren und auch gegen negative Erscheinungen der Außenwelt Stellung nehmen, sofern diejenigen Ziele und Wege zu erkennen sind, die es lohnt zu beschreiten, um Werte zu verwirklichen und Sinn zu erfüllen. Der Kutscher und Wagenlenker wird die Pferde disziplinieren und mit seinen Zügeln trotzdem in die Richtung steuern, wo er, der Kutscher, sein persönliches, sinnerfüllendes, werteverwirklichendes Ziel sieht, auch bei schlechtem Wetter.

Weshalb hat der Mensch ein Psychophysikum? Wo ist der Unterschied des Psychophysikums zum ICH? Konflikte zwischen Personen entstehen auch dadurch, dass neben dem eigentlichen Streitthema sehr viele Emotionen mitschwingen. Die Gefahr liegt in der fehlenden Differenzierung, den Streitpartner einerseits als Person zu sehen und andererseits die Emotionen überzubewerten. Kommt es zu einer Beleidigung oder man ist verärgert, sich nicht durchgesetzt zu haben, könnten wir jetzt ein Feindbild aufbauen. »Die Person ist mir unsympathisch, weil …«, könnte eine der Begründungen darstellen. Wir reduzieren uns auf die Meinung der Psyche, obwohl wir bei genauer Betrachtung des Streitthemas vielleicht doch zugeben müssen, eine falsche Meinung vertreten zu haben. Ein anderes Thema wäre Lampenfieber, Schüchternheit oder die Angst, vor Menschen sprechen zu müssen. In diesen Fällen beherrscht die Angst als Teil der Psyche die betreffende Person so stark, dass der Leidende meint, nur aus der Psyche und dem Körper zu bestehen. »Ich *bin* die Angst ...« wäre der den Zustand beschreibende Satz. Mit verschiedenen Techniken aus der geistigen Dimension (ICH), unter anderem der Selbstdistanzierung, kann die Fixierung aufgebrochen werden. Am Ende des Lernprozesses steht die Erfahrung, dass wir nicht die Angst *sind,* sondern nur Angst *haben* und durch die geistigen Potenziale dem Haben entgegentreten und die Angst, das Lampenfieber oder die überwältigende Emotion im Streit auf ein erträgliches Maß reduzieren können.

Reflektieren wir uns selbst als dritte Person, beziehen wir Selbstdistanz zu uns und unserer Lebenswelt, führen wir die Selbstdistanzierung durch. Wenden wir uns von uns ab und dem Leben und den Aufgaben zu, kommen wir *heraus,* um in die Welt *hinein* zu agieren, schöpferische Werte, Werte des Erlebens und Werte der Einstellung zu leben. So *existieren* wir als geistige Person. Es ist die Selbsttranszendenz, die uns eine sinnvolle Lebens-Welt erspüren lässt, unseren Horizont vergrößert und unsere Lebenswelt bereichert.

Arbeitsroboter Mensch

Dazu ein Beispiel: Der Arbeitnehmer ist immer und überall erreichbar. Ob am Abend, am Wochenende oder im Urlaub, das Handy und die E-Mails lassen kaum noch von der Arbeit ausspannen und zur Ruhe kommen. Sind es anfänglich noch Zeichen von Status und Anerkennung, permanent gefragt und abrufbereit zu sein, sind es mit der Zeit die ersten Zeichen für einen gefährlichen Kreislauf. In unserer Arbeitsgesellschaft definieren wir uns verstärkt über den Status, Ansehen und die soziale Anerkennung, die über die Arbeit zurückkommt. Wir sehen es als normale Entwicklung an, in der Gesellschaft mit Konkurrenz zu leben, die immer feiner werdenden Differenzierungen anzuerkennen, die unsere Aufmerksamkeit stärker beeinflussen und uns abhängig machen. Der Glaube an unseren eigenen Fortschritt wird als Wahrheit gesetzt, wobei nicht erkannt wird, wie sehr diese Kraft uns in ihren Bann zieht und so stark beeinflusst, dass wir uns beinahe nur durch eine Krankheit oder einen Schicksalsschlag entziehen können. Wir rotieren förmlich um die eigene Achse.

Es ist richtig, wenn der französische Soziologe Alain Ehrenberg über die heutige Gesellschaft schreibt, dass sich der moderne Mensch den Normen der Leistungsfähigkeit unterwirft, aber um den Preis von Gehemmtheit, Impulsivität, apathische Leere und genügend Stimulantien. Die Ideale und Zwänge in der Gesellschaft haben sich verändert.

Der Arbeitsroboter Mensch, der ›homo faber‹ wird eines Tages spüren, dass die Batterien nicht dauerhaft den Belastungen standhalten, es wird das Gefühl im Menschen hochsteigen, dass es jenseits dieser vordergründigen Anerkennung etwas gibt, das ebenso wichtig im Leben ist: Sinnerfüllung. Vieles wurde bisher im Leben beiseitegeschoben, weil es die Karriereplanung störte: Familie, Partner, Freunde, Hobbys und vieles mehr. Das Dauerarbeiten führt zwar zu finanzieller Unabhängigkeit und scheinbarem Erlebnisreichtum, aber wo die materielle Sicherheit und die Selbstverwirklichung wachsen, verarmt der Mensch innerlich häufig. Eine Frage drängt sich immer mehr auf: »Ist es eigentlich sinnvoll, was ich mache?« Der Mensch stellt ein Ganzes dar, in Form von Körper, Psyche und geistiger Dimension. Die Vernachlässigung der geistigen Dimension bedeutet einen Schaden für diese Ganzheit, denn die wahre Sicherheit kommt nur über die geistige Dimension und nicht über eine Quantität an Erlebnisreichtum. Sinnvolle Ziele bieten Sicherheit.

Heute wissen wir durch den Psychologen Maslow, dass die innere Bedürfnishierarchie jedes Menschen nicht in der Selbstverwirklichung der Person endet, sondern in einer Sinnerfüllung. Die Selbstverwirklichung (z.B. Anerkennung, Spaß, Lust, Geld,

Status) ist jene Kraft, die uns vorwärtstreibt (Pferd), aber die Sinnerfüllung ist keine Kraft, kein Trieb, der für das Zusammenleben steht, sondern eine Energie, die anzieht (Ziel). Die Werte für die individuelle Sinnerfüllung sind die Leuchttürme unseres Lebens, nach denen wir uns zu orientieren haben (wärmespendende Sonne). Wir können uns selbst entscheiden, ob wir diese Marker unseres Lebens anerkennen oder ob wir, nur auf unsere Instinkte (Psyche) bezogen, durch das Leben gehen. Aus der Welt der Statik wissen wir, dass bei einer Kraft immer eine Gegenkraft vorhanden sein muss, um Stabilität zu gewährleisten. Kein Gebäude würde stehen bleiben, wenn nicht Gegenkräfte die Stabilität erzeugen würden. Wenn wir nur unserer Triebkraft nach Anerkennung, Lob und sozialem Status folgen, ist dies eine Kraft, die uns genauso einstürzen lässt wie eine Brücke, die auf zu schwachen Fundamenten gebaut wurde und bei Belastung zusammenbricht. Die Gegenkräfte, die Fundamente, müssen bei der Brücke ausreichend Reserve für Belastungen bieten. Bei den Menschen sind es die Werte, die mit unserer geistigen Dimension auf Sinnerfüllung in unserem Leben warten, damit wir nicht unter der Belastung zusammenbrechen.

Besonders gefährdet sind unter anderem Menschen, die leistungsorientiert beruflichen Erfolg hatten, aber nicht jenes Glück erfahren konnten, in eine Top-Position zu gelangen. Es sind die ›Sandwichmanager‹ in der mittleren Führungsetage, getrieben einerseits, ihren Status zu bewahren, und andererseits getrieben auch von unten, gegenüber der großen Konkurrenz zu bestehen, um nicht durch jüngere und kostengünstigere Mitarbeiter ersetzt zu werden. Eines Tages spüren diese Arbeitnehmer ihre Leistungsgrenzen sehr deutlich, ob durch körperliche Beschwerden oder durch seelische Störungen. Psychosomatische Symptome, fehlende Belastbarkeit, das Gefühl, ausgebrannt zu sein, oder eine Erschöpfungsdepression sind die Zeichen.

Nehmen wir für dieses Bild die Dimensionalontologie:

GEISTIGE DIMENSION	
Liebe	
Werteempfinden	
Gewissen, Vernunft	
Ethisches Denken, Rückverbundenheit, Religion	
Humor	
Freie Stellungnahme zu psychischer und körperlicher Dimension, Intentionalität (Freiheit des Willens)	
PSYCHISCHE DIMENSION	
Instinkte	
Triebe	
Gefühle	
Affekte	Kognitionen und Emotionen
Denken	
Wahrnehmung	
Erkennen	
Verstand (Intellekt)	
KÖRPERLICHE DIMENSION	
Biophysikalische und chemische Vorgänge	

Unsere Religion spricht vom Menschen als Krönung der Schöpfung. Wo unterscheiden wir uns aber vom Menschenaffen? Es ist die geistige Dimension, die den Menschen zum Menschen machen kann. Den Sprung zur Menschheit vollzieht der Mensch selbst durch seine täglichen Entscheidungen: Er kann *mit* der Psyche leben, er kann aber auch *als* Psyche leben. Wir dürfen den Menschen als Einheit nicht zerlegen und den Geist als Widersacher der Psyche / Seele sehen. Wenn wir auch die animalische Seite des Menschen nicht zu klein schätzen und verachten sollen – schließlich kommen die lateinische Bezeichnung ›anima‹ für Seele und ›animal‹ für Tier aus derselben Wurzel –, ergibt doch der Blick auf den Menschen oft ein inhumanes Menschenbild. Schneller, höher, stärker sind die Komparative unserer Gesellschaft, Wirtschaft, Architektur, Kunst, Freizeit, Sport; sie haben mit der geistigen Dimension herzlich wenig zu tun. Die scheinbar in der Gesellschaft verankerte Grundannahme des ewigen Wachstums liegt in unserer Psyche begründet, wie wir noch zeigen werden. Wir haben Gefühle, wir sind aber nicht unsere Gefühle. Sie sind ein feines Messinstrument, das uns hilft, unser Leben zu schützen. Wir sind ein ›entscheidendes Sein‹, wir entscheiden zu jeder Zeit, ob wir ein guter oder ein böser Mensch sein wollen, das ICH liest die Messinstrumente (Gefühle) und entscheidet sich für einen Weg, der durch die Leuchttürme, unsere Werte, gezeigt wird. Der Mensch *ist* nicht, wie Elisabeth Lukas es ausdrückt, sondern *wird* gemäß seinem täglichen Wählen und Entscheiden.

Wie in nahezu allen Psychotherapien üblich bezieht sich der Forschungsgegenstand auf die Psyche des Menschen. Im Gegensatz dazu richtet die Logotherapie ihre Blickrichtung auf die geistige Ebene und überhöht das Tier in uns mit der menschlichen Dimension. Die Logotherapie kämpft für die Erhaltung der Geist-Seele-Dualität aus Überzeugung und stemmt sich gegen den Reduktionismus, der gerade auch in der Wissenschaft vorherrscht. War der Mensch einmal ein abreagierendes Wesen, ein andermal ein reagierendes Wesen, so wird heute die Meinung über das Wesen des Menschen von der Neurobiologie beherrscht. Es ist ebenfalls ein Reduktionismus, das gesamte Wesen des Menschen nur auf sein Gehirn zu projizieren. Der Maler ist nicht sein Pinsel und der Schriftsteller nicht seine Schreibmaschine. Neuromanagement, Neurophilosophie oder neurowissenschaftliches Kunst- und Ästhetikverständnis ersetzt den Dualismus und inthronisiert das Gehirn als Subjekt – als wäre der Mensch sein Gehirn und nicht das Ergebnis des Geist-Seele-Dualismus. Wie wir am obigen Schaubild sehen, besteht die Psyche aus Emotionen und Kognitionen. Hier können wir uns fragen, ob es richtig ist, die Begründungen über das Wesen des Menschen nur in der Psyche zu suchen. Warum wurde unsere geistige Dimension im Laufe der Evolution geschaffen, jene Fähigkeiten, die im – entwicklungsgeschichtlich gesehen – jüngsten Teil unseres Gehirns, dem Großhirn, dafür sorgen, auch einen Kontrapunkt zum Zwischenhirn, wo die Gefühle liegen, zu setzen. Worin liegt der Sinn in der geistigen Dimension?

Die Welt lebt im Bewusstsein nicht ein gespiegeltes Bild und Geschehen der Psyche zu sein, sie ist vielmehr der große Stoff für Umwandlung. Die Art und Weise, wie wir unsere Gefühle und Kognitionen (Denken, Lernen, Erinnern und Verstand) verwenden, lässt die Vermutung zu, dass gerade unsere geistigen Fähigkeiten als korrigierende Dimension über die Psyche gesetzt wurden und elementar steuernde Aufgaben zu übernehmen haben. Der biologische Sinn unserer Psyche ist der Schutz unseres Lebens vor den Gefahren, die uns im Laufe des Lebens treffen und beeinflussen können. Wir wollen überleben und unsere Gene an die Nachkommen weiterreichen. Eine ungestörte Gesundheit, ein guter körperlicher Zustand und eine optimale Abstimmung aller vegetativen Funktionen werden sich in einer zufriedenen Stimmung ausdrücken. Über Glück als Zustand wollen wir hier nicht reden, Glück ist eine Momentaufnahme und erfüllt den Menschen immer nur kurzfristig. In der langfristigen Ausprägung gibt es Zufriedenheit oder Unzufriedenheit als Grundzustände von Gefühlen. Wenn alles bestmöglich auf der emotionalen und kognitiven Ebene läuft, wird selten über diese Ebene nachgedacht. Aber schon der Begriff des Optimalen ist relativ zu sehen: Einerseits gibt es Menschen, die mit wenig Hab und Gut zufrieden sind und ein normales Leben führen, und andererseits gibt es Menschen, die nur in Extremen leben können und meinen, es sei ein normales Leben. Sicherlich spielt bei der Bandbreite von Verhaltensmustern auch ein neurotisches und psychopathologisches Verhalten eine Rolle, das wir hier aber für unsere Zwecke außer Betracht lassen wollen. Wie verhält es sich mit der Psyche, die nicht mehr im scheinbar ausgeglichenen Zustand ist und sich, wie ein Schiff mit verrutschter Ladung, auf die Seite legt? Wenn Angst den Menschen erstarren lässt, ihn buchstäblich fesselt, wenn die Gefühle dauerhaft ins Negative drehen und die betreffende Person keine Perspektive für ein Weiterleben mehr sieht, wenn Gefühle verrückt spielen, wenn der Lebensschutz zu Gier wird? Wir erschrecken vor der Irrationalität, vor der Vernunftlosigkeit des Menschen und müssen unsere relative Unfreiheit gegenüber der Psyche anerkennen. Unsere Ausdrucksformen sind zweifellos Folge der Tatsache, dass wir vielfach aus der Psyche heraus leben und uns trotzdem für vernunftorientiert (rational) halten. Wenn die ›Be-sinn-ung‹ des Menschen beeinträchtigt ist, nicht mehr funktioniert, wir uns in der Lebensmitte danach fragen, ob das bisherige Leben alles war, wir ausgebrannt sind durch die zunehmenden, aber oft sinnlosen Anforderungen im Berufsleben und vieles mehr, benötigen wir eine Dimension, die uns wieder hoffen lässt, in Krisen stärkt und Auswege und Lösungen zeigt: Es ist die geistige Dimension. Die Suche nach Verantwortlichen für unser Leben in der Familie oder in der Gesellschaft hat wenig Sinn und wird letzten Endes immer scheitern. Wir sind selbst verantwortlich für unser gesellschaftliches Klima und Zusammenleben und können uns nicht durch Unwissenheit und Unfähigkeit herausreden, denn eines ist immer klar: Die geistige Dimension hat jeder gesunde Mensch, jeder kann sich ihrer bedienen. Geist ist kein metaphysischer Begriff für ein mystisches Wesen, sondern bezeichnet eine bestimmte Qualität und einen Funktionszustand des Menschen, eine Autorität über die Seele zu besitzen. Das lateinische Wort ›auctor‹, die Basis des Wortes Autorität, steht für ›Urheber, Gründer‹.

DIE GEISTIGE DIMENSION

Jetzt lässt sich die Existenz der geistigen Dimension begründen und ihren Sinn finden. Die Tierwelt hat kein Erkenntnisvermögen, mit dem sie die letzten Fragen des Kosmos behandelt, Kunst erzeugt und über Religion, unsere Rückverbundenheit, nachdenkt. Die Tierwelt kennt nicht die Extreme und negativen Auswüchse der Psyche, wie wir sie kennen. Tiere kennen keine Kriege. Ein Tier wird nur dann fressen und ein anderes Tier schlagen, wenn es Hunger verspürt, und bei Sättigung die Mahlzeit beenden. Wir töten Menschen aus den unterschiedlichsten Gründen, führen Kriege der Macht wegen, sind lustorientiert, stehlen das Eigentum anderer Menschen, kennen Neid, Hass, überfressen uns und kennen andere negative Ausprägungen unserer Psyche.

Jetzt benötigen wir die geistige Dimension. Nehmen wir nochmals das Bild der Kutsche mit den Pferden. Unsere Psyche schlägt offensichtlich manchmal in eine extreme Richtung aus. Neben dem Guten in unserer Psyche, das uns im Überleben schützt und wichtig ist, gibt es eine negative Seite, eine durchaus böse Seite des Menschen. Wenn die Angst zu groß wird, schützt sie die Person nicht mehr, wenn das Gefühl der Hilflosigkeit in Machtstreben umschlägt oder der normale Hungertrieb in Gier und andere Menschen verletzt, brauchen wir ein Regulativ, ein ausgleichendes Element im Gegensatz zur Tierwelt, die alle diese negativen Ausformungen nicht kennt. Nur der Mensch ist dem Glauben verfallen, dass alles unbegrenzt wachsen kann. Mit unseren geistigen Fähigkeiten können wir unsere Krankheiten, Störungen, Gedanken, Ansichten und negativen Einflüsse korrigieren, uns schützen.

Durch das Denken über uns selbst lässt sich in unserem Bewusstsein ein Vorstellungsraum aufbauen, in dem eine Handlung oder ein starkes negatives Empfinden auf ihre Konsequenz hin überprüft werden kann, bevor, real gesehen, etwas geschieht. Wir können es auch ›sinn- und vernunftorientiertes Denken‹ nennen, wenn der Kutscher versucht, seine Pferde zu bändigen und auf

dem Weg zu halten. Das Ringen um Sinn ist dann Methode. Erinnern wir uns an die Bedeutung des Wortes ›Methode‹ für ›Weg‹
als Ausdruck des Reisens. Hat der Kutscher ein sinnvolles Ziel vor
Augen, einen Wert erfüllen zu wollen, dann müssen die Pferde auf
dem Weg sicher ans Ziel geführt werden, das ist der Sinn der geistigen Dimension, die uns vom Tier unterscheidet.

Liebe

Das Leiden, die Not und die Vergänglichkeit gehören zum Leben
dazu, wie das Schicksal, aber auch Freude, Schönheit und der Tod.
Alles zusammen bildet das Leben und kann nicht einseitig ausge-
klammert werden. Alle diese Lebenselemente und noch viele
schöne, aber auch leidvolle Einflüsse bilden nicht nur das Leben
an sich, sondern werden getragen durch die Liebe. Wir sind nicht
auf uns allein gestellt, können weder von Geburt an noch später
vollkommen ohne Gesellschaft leben und überleben. Wir sind auf
andere Menschen angewiesen. Angewiesen und abhängig sein bedeutet aber nicht, wie Darwin es meinte, das Leben als einen aus-
schließlichen Kampf ums Überleben zu sehen und damit eine
Auslese des Stärkeren zu forcieren. Heute wissen wir über biologische Untersuchungen und Forschungen, dass sich diese Thesen
nicht halten können, den Menschen als einen Überlebenskämpfer
einzuordnen. Nicht der Kampf ums Dasein in Form eines gesellschaftlichen Konkurrenzkampfes zeichnet den Menschen aus,
sondern die Fähigkeit zu Kooperation, Toleranz, Akzeptanz, Zu-
gewandtheit und Liebe. Gesellschaft zu formen, ist Hauptbestand-
teil menschlichen Lebens.

Ohne diese neben der Sinnfindung wichtigste Eigenschaft der
geistigen Dimension, Liebe, können wir nicht zum Menschen
werden und bleiben in der Naturhaftigkeit des Animalischen stecken.

Liebe als Einzelelement gesehen kann Blockaden der Psyche
zum Einsturz bringen und eine feste Beziehung über den Tod
hinaustragen. Wer in Konflikten bereit ist, trotz seiner emotional

eingefärbten Haltung einen ersten Schritt zur Versöhnung zu tun, in dessen Haltung schwingt die Liebe zum Menschen mit. Wer auch nach dem Tod seines geliebten Partners diesen Menschen liebt, liebt ihn in der reinsten Form, die es gibt: körperlos in rein geistiger Form.

Die Liebe sucht nicht nach Lohn, ihr Lohn ist die Liebe selbst, so Bernhard von Clairvaux[14], eine große Stimme des Mittelalters. Die ›Affenliebe‹ hat mit Liebe sehr wenig zu tun. Es betrifft das verzweifelte Festhalten an überkommenen Tatsachen, am Festhalten an Zwecken, die einen selbst betreffen. Wenn Mütter ihre Söhne auch im erwachsenen Alter bemuttern, betrifft es eine reine Selbstzweckhandlung der Mütter, sich selbst noch etwas Gutes zu tun. Hier fehlt die wirkliche Liebe, sie wird zugedeckt von Emotionen, die sich ungehindert ausleben können. Liebe ist mehr als irgendein Gefühl, kann auch nicht mit einem chemischen Prozess im Gehirn erklärt werden. Es ist eine schier unerschöpfliche Kraft, aus der Menschen jene Kräfte ziehen, um nicht zu resignieren, um Frieden zu schaffen, um durch Hinwendung in die Gesellschaft dazu beizutragen, Sinn zu stiften und durch Werteverwirklichung das Leben erträglicher zu machen.

»Liebe ist nachgerade das Erleben des anderen Menschen in dessen ganzer Einzigartigkeit und Einmaligkeit!« In diesem Satz von Viktor Frankl steckt eine tiefe Weisheit: Der Mensch erkennt in seiner tiefen Liebe zu anderen Menschen an, wie der andere Mensch ist. Nur wir selbst können uns mit Mühe und Anstrengung ändern, nur wir können von uns jene Veränderung wünschen, die dazu beiträgt, das gesellschaftliche Leben erträglicher zu machen. Die Verantwortung dazu liegt bei uns, bei jeder Person selbst. Unsere Aufgabe jenseits dieser Beantwortung liegt in der Hinwendung zum DU, den anderen so anzuerkennen, wie er ist, mit allen seinen starken Seiten und mit allen seinen schwachen Seiten, aber auch im Anerkennen seiner Bemühungen, sich zu verändern. Liebe in diesem Zusammenhang fordert den Menschen, das DU als Ganzes zu akzeptieren, unabhängig seiner Meinung und Taten. Die Verantwortung bezieht sich daher immer auf jeden Einzelnen. Viktor Frankl lehnt somit die Kollektivschuld ab.

Für Giovanni Pico della Mirandola ist es jene Welt, die geistige Welt, die der erhabenen Gottheit am nächsten ist. Denn dort haben Cherubim, Seraphim und die Throne die erste Stelle inne. Eindrucksvoll beschrieb der Autor vor über 500 Jahren den Weg zu Weisheit und zu Liebe. Es gibt offensichtlich eine Rangfolge innerhalb der geistigen Dimension, wie Mirandola uns zeigt, zumindest was die Weisheit und die Liebe angeht. Der Mensch lernt das Primat der geistigen Dimension in allen seinen Stärken kennen. Mit der eigentlichen Dimension des Menschseins heben und stärken wir scheinbar verloren gegangene Kräfte bei einem leidenden Menschen. Mirandola zeigt in seinen Ausführungen das Primat der Liebe innerhalb der geistigen Dimension. Auf Cherub, auf den betrachtenden Geist der Weisheit, fliegt Gott, und dadurch, dass er auf ihn, Cherub, gleichsam ruht, erwärmt er ihn. Es ist die Wärme und Güte, die ein weiser Mensch ausstrahlt. Wer aber Seraph, also, ein Liebender ist, der ist in Gott und Gott ist in ihm und daher sind Gott und er eins. Ein Liebender trägt keine Laterne zur Erleuchtung des Weges, sondern er *ist* die Laterne. Heute schreibt dazu Pater Anselm Grün: »In der Nähe solcher liebenden Menschen fühlt man sich wohl. Sie haben keine Liebe, die vereinnahmt, sondern die frei lässt. Ihre Liebe vermittelt Geborgenheit, Verständnis und die Freiheit, der zu sein, der ich bin.«

Wir müssen von unserer geistigen Dimension aus verstehen lernen, betrachten und philosophieren, so die Gedanken von Pico. Erst nach diesem Schritt und den Ansichten daraus werden wir zur Höhe der Liebe hinweggerissen, steigen wir auf der anderen Seite aber wohl unterrichtet und willig zum Dienst des tätigen Lebens herab. Es sind Aussagen, die 500 Jahre später in der Logotherapie einen Weg in der Sinnorientierung zeigen. Es sind drei Wege auf dem Weg zu Sinnerfüllung, der Dienst an der Sache, die Einstellung zu den unveränderlichen Dingen des Lebens und die

Liebe, die Orientierung an anderen Personen. Verstehen lernen, betrachten und darüber philosophieren sind jene Aktivitäten, die Menschen auch davor schützen, sich selbst zu ernst zu nehmen, die durch Selbstdistanzierung die Sinnfindung nicht bei sich selbst suchen, sondern den Sinn immer außerhalb ihrer selbst in der Welt entdecken und durch Hingabe an eine Sache, durch Liebe oder Einstellung ihren Sinn erkennen. Dazu ein Beispiel:

In unserer Praxis sitzt uns eine Frau gegenüber, 74 Jahre, ihr Mann ist vor einem Monat plötzlich verstorben, sie berichtet über ihr Leben. Sie hat zwei erwachsene Söhne, einer ist seit dem 15. Lebensjahr an einer schweren Psychose erkrankt, polizeibekannt, 40 Jahre alt und hat noch nie gearbeitet. Der zweite Sohn ist Alkoholiker, aber berufstätig und nicht verheiratet. Ihr Mann litt seit der Jugend an einer ausgeprägten Manie, die aber durch Medikamente bekämpft werden konnte. Sie selbst ist körperlich sehr gebrechlich und hat aufgrund der großen Aggressivität, ausgehend von beiden Söhnen, die auf ein scheinbar großes Erbe hoffen, jetzt Angst, die neue Situation zu meistern. Einerseits galt es in der Therapie den heilen Bereich in ihr zu stärken und bewusst zu machen, andererseits musste das Problem mit den Söhnen bearbeitet werden. Nach langem Hin und Her entschied sie sich, beiden Söhnen einen Brief zu schreiben, da sie große Angst verspürte, erstens nicht angehört zu werden und zweitens auf Gewalt zu treffen, wenn beide Söhne erfahren, dass nichts zu erben ist. Gewalt war ein beherrschendes Thema des an der Psychose erkrankten Sohns.

Der Brief lässt eine große Liebe zu ihren Söhnen spüren und bringt auch zum Ausdruck, dass aufgrund dieser Liebe ein sinnvolles Handeln auch im Sinne der Söhne möglich ist, obwohl die Söhne leer ausgehen. Wahre Liebe trennt nicht, sieht nicht Einzelnes, sondern die Persönlichkeit der ganzen Person. Auf der Metaebene, in der Welt des Gewissens sind die folgenden Gedanken auch für beide Söhne nachvollziehbar. Auf der Ebene der Psyche, wo bei beiden das ›Haben‹ ihre Handlungen bestimmt, bildet der Brief allerdings einen Kontrapunkt.

Lieber Thomas, lieber Martin,

ich wende mich heute per Brief an Euch, da ich glaube, dass es für mich besser ist, meine Gedanken schriftlich festzuhalten, zu umfangreich sind sie und ich habe Angst, im Gespräch mit Euch den Faden zu verlieren, denn es geht mir momentan sehr schlecht.

Nach dem Tod Eures Vaters haben sich viele Dinge für mich schlagartig verändert. Nicht nur der plötzliche Tod mit der fehlenden Verabschiedung belastet mich, sondern auch die finanzielle Ungewissheit und meine Zukunft sowie die Belastung mit der Alterseinsamkeit haben meine bereits angeschlagene Gesundheit zusätzlich verschlechtert. Laut ärztlicher Aussagen benötige ich Hilfe und eine Betreuung.

Da ich nicht mehr in der Lage bin, Briefe per Hand zu schreiben, habe ich den Brief mühsam diktiert und einer Vertrauensperson mit der Bitte zum Schreiben übergeben.

Wie Ihr wisst, hatte Euer Vater eine gute Stellung in der Arbeit, die es uns erlaubte in den 60er-Jahren ein kleines Reihenhaus zu kaufen. Anfänglich, als noch sehr wenig Geld in die Familie kam, haben wir mühsam monatlich die drei Hypotheken abgestottert. Nur durch Verzicht ist es uns gelungen, später ein angenehmeres Leben zu erreichen.

Trotz vieler zum Teil schwerer Krankheiten und anderer Umstände, die Ihr alle kennt, haben wir immer zusammengehalten und so kam es, dass wir auch für Dich, lieber Martin, jederzeit da waren und alles versucht haben, um Dich wieder einzugliedern und Dir zu helfen. Als Familie haben wir das Schicksal zu tragen, welches uns auferlegt wird, und wir haben auf die Fragen des Lebens zu antworten. Ganz in diesem Sinne ist viel Geld dafür verwendet worden, Dich zu unterstützen.

Eine Krankheit oder ein anderes Schicksal kann jeden in der Familie treffen und daher, lieber Thomas, ist es für mich und auch für Dich selbstverständlich, dass die Familie den schwächeren unter uns unterstützt und jeder seine eigenen Ansprüche zurückstellt.

In diesem Sinn hat Euer Vater das Testament geschrieben. Da nur eine kleine Rente für mich bleibt und ein Haus mit Schulden langfristig nicht zu halten ist, habe ich mich im Sinne Eures Vaters dafür entschieden, das Haus zu verkaufen, die Schulden zu tilgen und mich in ein Seniorenheim einzumieten. Meine Gesundheit lässt es nicht mehr zu, im Haus wohnen zu bleiben. Das Haus ist die einzige Ersparnis und Sicherheit für meine Rente. Nach Aussagen Eures Vaters sollte das Haus die Altersversorgung für ihn und mich darstellen.

Das Haus wurde von einem vereidigten Gerichtsgutachter geschätzt und zum Schätzpreis verkauft. Vom Kaufpreis abgezogen habe ich die eingetragenen Grundschulden und die Kosten für das Begräbnis sowie die sonstigen damit verbundenen Kosten. Den Pflichtteil Eures Vaters aus dem verbleibenden Rest werde ich zinsbringend für Euch bei der Bank anlegen, mit dem zweiten Teil werde ich ebenso verfahren, allerdings für die Rente und meinen Lebensunterhalt verwenden. Da es ungewiss ist, welche Kosten bedingt durch Krankheit und steigende Miete oder eines eventuellen Pflegefalls auf mich zukommen werden, habe ich das Geld langfristig angelegt. Auf jeden Fall wird Euch der Pflichtteil erhalten. Auch für mein Ableben werde ich jetzt Vorsorge treffen, damit Ihr keine weiteren Geldbelastungen haben werdet.

Ich glaube, wenn Ihr Euer Gewissen fragt, was richtig in einer Situation ist, in der ich mich befinde, so werdet Ihr genauso entscheiden, wie ich es jetzt getan habe. Es sind leider keine Rücklagen vorhanden. Du, lieber Thomas, bist zum Glück gesund und bei einer Firma angestellt, somit auf eine vorzeitige Auszahlung des Pflichtteils nicht angewiesen.

Ich wünsche mir von Herzen, dass ich noch erleben kann, dass es Dir, lieber Martin, wieder besser geht und Du Deinen Willen findest, etwas stabiler zu leben und vielleicht regelmäßig einer Dir zumutbaren Tätigkeit nachgehen kannst. Man muss sich im Leben von sich selbst nicht alles gefallen lassen.

Generell möchte ich Euch mitteilen, dass es im Leben darauf an-

kommt, etwas Sinnvolles für sein eigenes Leben zu entdecken und nicht den Lebensmittelpunkt am Materiellen zu orientieren. Ist es nicht der Sinn des Augenblicks, dass ich als Eure Mutter jetzt das Recht habe, meinen Lebensabend sorgenfreier als bisher gestalten zu dürfen? Ich habe auf vieles in meinem Leben verzichten müssen. An meinem Lebensabend mit Krankheiten und psychischen Belastungen sowie der Trauer um Euren Vater wünsche ich mir, dass Ihr meine Handlungsweise versteht.

Ich bin sicher, dass Ihr an meiner Stelle genauso handeln würdet.
Eure Mutter

Gewissen und Vernunft

Jede und jeder hat während eines Tages viele Entscheidungen zu treffen. Insbesondere im Berufsleben gibt es viele Entscheidungen, die durch Führungskräfte und Mitarbeiter verantwortet werden. Aber auch zu Hause, in der Kindererziehung, in der Partnerschaft und in der Freizeit werden täglich Entscheidungen gefällt. So leicht die Entscheidungen im Alltag getroffen werden, so schwer sind Entscheidungen, die nicht mehr alltäglich sind und das weitere Leben beeinflussen. Wie soll ich mit meiner Angst umgehen, wenn die Kinder selbstständig werden und zum ersten Mal in die Disco gehen wollen? Soll ich noch wohnen bleiben oder in ein Seniorenwohnheim ziehen? Soll ich den Arbeitsplatz nochmals wechseln oder das Elend bis zur Pensionierung aushalten? Was fange ich mit meiner Zeit nach der Pensionierung an?

Wo liegt der Unterschied einer Begründung, bei der man seinem Gewissen folgt oder durch eine rationale Entscheidung einen Handlungsschritt setzt. Es gibt mehrere Begründungsstrategien, die wir unseren Handlungen zugrunde legen können.

Die wohl typischste Form einer Handlungsbegründung bedient sich eines bestimmten Faktums, dessen *angenommene Objektivität* die Rechtmäßigkeit der Entscheidung und die darauffolgende Handlung garantieren soll. So beantworten Führungskräfte die Frage nach Personalentlassungen immer mit dem stereotypen Hinweis, dass zu hohe Personalkosten das Unternehmen in der Krise weiter belasten würden und den Rest der zu verbleibenden Arbeitsplätze, die erhalten werden könnten, auch gefährdet seien, wenn nicht entlassen werden würde. Aus Sicht der Verantwortlichen sind es Begründungen für die Rechtmäßigkeit ihres Entscheidens und Handelns. Eine andere angenommene objektive Begründung ist immer der Verweis auf das eigene Alter, eine Handlung nicht durchzuführen. Da ich jetzt 75 Jahre alt bin und den Computer nicht mehr brauche, wozu soll ich mich damit noch beschäftigen? Auch die Partnerwahl scheint im ersten Schritt nach objektiven Kriterien, wie Schönheit oder Herkunft, zu erfolgen. Aber wenn eine liebenswürdige Person gefunden wurde, stimmen die objektiven Kriterien meistens nicht mehr mit der ersten Wunschvorstellung überein. Es haben eher die Gefühle für eine Partnerwahl dominiert.

Eine weitere Möglichkeit, dem Handeln eine Begründung zu geben, ist der *Bezug* auf seine Gefühle. Insbesondere in der Kindererziehung fällt oft der Satz, wenn das Kind nicht willens ist, einer Handlungsanweisung zu folgen: »Mach es mir zuliebe.« Es ist Diktatur mit dem Nebeneffekt, dass die Erwartung erfüllt werden sollte. Der große Bereich der Möglichkeiten, seine Freizeit zum Wochenende zu gestalten, wird zu einem überwiegenden Teil auf Gefühle begründet werden. Während der Besuch bei den alten Eltern auch ein Stück weit durch Objektivität getragen wird, nämlich dem Wert der Altenehrung, wird das Ausruhen am Badesee bei kühlem Bier und Eis gefühlsbestimmt sein.

Die einseitige Bevorzugung von Mitarbeitern oder eine Ablehnung durch Mobbing kann die Handlungsweise erklären, aber in letzter Konsequenz nicht rechtfertigen. Da Gefühle Bestandteil der Psyche sind, liegt es nahe, dass es über den Gefühlen noch eine Distanz geben muss, die näher an der Wahrheit liegt und einen höheren Grad an Verbindlichkeit erzeugt, als es jemals Gefühlsentscheidungen tun können. Es sind Entscheidungen unabhängig von Gefühlen und sie werden durch rationale Beweggründe, vernunftorientierte Motive aus der geistigen Dimension heraus gefällt.

Diese Begründungen beziehen sich auf den Moralkodex und die Wertvorstellungen. Alle Religionen bieten durch ihre Gebote und Verbote Handlungsbegründungen an. Daneben waren bis zur beginnenden Neuzeit auch Regeln in den Zünften, Zechen und Genossenschaften niedergelegt. In der Gegenwart sind die Moralkodizes der einzelnen Wirtschaftszweige und Berufsgruppen schwerer zu erkennen, da diese in der Regel nicht niedergeschrieben sind, es sei denn, in den sogenannten Unternehmensphilosophien wird auf Werte und Moral eingegangen. Kinderarbeit, ausbeuterische, menschenverachtende Produktionsbedingungen auf der einen Seite und die Vorstellung, um ›jeden‹ Preis der billigste Anbieter zu sein, spiegeln beispielhaft solche Moralvorstellungen wider.

Haben wir in unserer Jugend Moralvorstellungen gelebt, die von der Gesellschaft vorgegeben wurden, verändern sich diese Moralvorstellungen in der zweiten Lebenshälfte. Je älter der Mensch wird, umso eher erkennen wir die Wichtigkeit von Wertvorstellungen und übernehmen sie in unser eigenes Weltbild. Vom Haben dieser Moralkodizes und Wertvorstellungen, vom Lernen, diese anzuwenden, vollzieht sich eine Entwicklung hin zum Leben dieser Überzeugung und Annahme zu: »Ich repräsentiere die Wertvorstellung, ich bin diese.«

An einem herrlichen warmen und windigen Sommertag sitzen wir am Bootshafen von Brissago in der Schweiz und beobachten zwei Boote, wie sie sich dem Hafen nähern. Das eine ist ein älteres Segelboot, aufgezogen mit dem Vordersegel fährt es im Hafen bis zu seinem Liegeplatz. Der Segler, ein älterer Mann, mit weißem Vollbart und Hut, hager, ist mit langer Hose und Hemd bekleidet, um sich vor der Sonne zu schützen, schaltet nicht den Außenmotor ein, um einfacher zum Liegeplatz zu kommen. Offensichtlich ein Segler der alten Schule. Das knapp dahinter einfahrende Boot ist ein größeres Motorboot, am Steuer steht mit erhobenem Haupt, braungebrannt ein etwas dicklicher Mann, nur mit der Badehose und Sonnenbrille bekleidet. Erst kurz vor der Hafeneinfahrt drosselt er den Motor, sodass die Wellen auch in den Hafen rollen. Er scheint sehr stolz zu sein, mit seinem Boot einfahren zu können. Beide Bootsbesitzer repräsentieren zwei vollkommen unterschiedliche Wertvorstellungen.

Die zweite Begründung für Handlungen nach der im Sinne des Menschen wichtigsten Dimension, dem Geist, ist die Bezugnahme auf sein Gewissen. Allen bisherigen Ausführungen haftet an, dass die Entscheidungen mehr oder weniger unsicher sind in ihrer Begründung, aber durch die Vorstellung von einem Moralkodex oder einer scheinbaren Objektivität eine oberflächliche, sichere Begründung erhalten. Entscheidungen nach Werten und Moralvorstellungen der Gesellschaft sind in einer Metaebene, Gefühlsentscheidungen auf der sehr individuellen Ebene, in der psychischen Dimension. Einerseits können sich die Werte innerhalb einer Gesellschaft verändern, sie können ausgehöhlt werden und nur mehr Pseudowerte sein, andererseits können Moralvorstellungen auch innerhalb einer Gesellschaft sehr unterschiedlich sein und auch durch die unterschiedliche Sozialisation der Personen jeweils anders aufgefasst werden. In der griechischen Philosophie war es kein Thema, darüber nachzudenken, ob auch der Sklave ein wertvoller Mensch sei – er war es nicht.

Absolute Gewissheit gibt es auch bei Gewissensentscheidungen und Entscheidungen nach der Vernunft nicht. Dazu meint Frankl: »Dem Bewusstsein erschließt sich Seiendes – dem Gewissen jedoch erschließt sich nicht ein Seiendes, vielmehr ein noch nicht Seiendes: ein erst Sein-Sollendes.« Der Form nach ist das althochdeutsche Wort ›giwizzani‹ ein Adjektiv-Abstraktum zum Partizip ›giwizzan‹ und kann mit ›gewusst, bewusst‹ übersetzt werden. In der Übersetzung deutet sich bereits an, dass ein Vorwissen oder geistiger Vorgang vor der Gewissens-Handlung stattgefunden hat.

Es ist nicht Wirkliches, es ist ein erst zu Verwirklichendes, ein Mögliches. Entscheidungen nach dem Gewissen sind unbewusste und unreflektierte Entscheidungen und damit, so Frankl, irrational, also nicht der Ratio untergeordnet. Die Silbe ›Ge-‹ ist ein Verbalpräfix mit etymologischem Ansatz zur Verallgemeinerung; das Wort ›Gewissen‹ lehrt auch ein Zusammensein in der Ganzheit, in der Rückverbundenheit in einem unbewussten, vorbewussten Grund. Es ist etwas ›geistig Unbewusstes‹ und steht im Gegensatz zu den triebhaften Erlebnissen der Psyche. Das Gewissen ist die reinste Stimme in uns und unabhängig aller gesellschaftlicher Erziehung, wie zum Beispiel das Überich von Sigmund Freud. Das Gewissen ist jenseits aller Verbote, Gebote und gesellschaftlichen Einflüsse – jede Person hat es. Wir können es hören, wenn wir wollen, allerdings auch so lange unterdrücken, bis die Stimme für ewig verstummt.

Ein Beispiel möge den Unterschied Überich und Gewissen herausarbeiten: In unserer Praxis und Paartherapie stoßen wir häufig auf den Fall, dass die Mutter sich aufopfert für die Familie, die Kindererziehung und keine Zeit der Erholung für sich selbst hat. Besonders Menschen mit einem helfenden Charakter sind nicht davor geschützt, langsam aber sicher die Kräfte zu verlieren und sich in dauernder Aufopferung für andere zu verzehren. Ein zu starkes Überich, geprägt durch gesellschaftliche Moralkodizes, Erziehung und auch selbst gesetzte Normen, führt zu einer dauerhaften und übertriebenen Aufopferung für andere Menschen. Die eigene wahre Stimme, das Gewissen, sagt hingegen etwas anderes: Nicht jeder Person kann von mir geholfen werden, die Kinder können auch in meiner Abwesenheit ihre Aufgaben erledigen und ich benötige auch Zeit für mich. Was die Gesellschaft, das Überich jetzt dazu sagt, ist von keiner Relevanz. Es ist immer erstaunlich, wie selbstverständlich darauf reagiert wird, wenn der Unterschied zum Überich aufgezeigt wird und die Person wieder beginnt, auf das eigene Gewissen zu hören. Mit dieser Stimme kann ein Nein leichter ausgesprochen werden und Widerstände des Überichs ausgehalten werden. Interessant in diesem Zusammenhang ist dann auch die Tatsache, dass das sogenannte Überich sich reduziert und harmlos wird, weil es in den meisten Fällen ein Konstrukt der betreffenden Person selbst ist.

Nach der gegenwärtigen Gehirnforschung liegt das Gewissen im orbitofrontalen Cortex, ein Bereich, der direkt über unseren Augen liegt. Durch Verletzungen, Schlaganfall oder andere Unfälle kann das Gewissen beeinträchtigt werden. Menschen werden zu völlig gewissenlosen Menschen. Allerdings kann die Beeinträchtigung auch korrigiert werden durch Intelligenz, also durch eine bewusste Stellungnahme zu Moral. Eine andere Beeinträchtigung finden wir in der frühen kindlichen Phase. In der Regel kann auffälliges Verhalten zurückgeführt werden auf frühkindliche Schäden durch Missbrauch, Bindungsentzug oder Gewalt. Wenn das Gewissen ausgeschaltet ist, kann Reue, Empathie und Verantwortung nur durch die Intelligenz kompensiert werden, durch das Wissen, mit seinen anderen geistigen Fähigkeiten und Potenzialen das fehlende Wirken seines Gewissens auszugleichen.

Gewissenlose Menschen können in der Gesellschaft sehr erfolgreich sein. Es sind nicht jene kranken Menschen, die Kinder missbrauchen, sondern die in der Wirtschaft oft skrupellosen Führungsfiguren, die jenseits einer Moralvorstellung, Empathie und Rücksicht Bereicherung als ihr hauptsächliches Ziel ansehen und viele Menschen ins Unglück stürzen.

Gewissen schenkt uns Vertrauen

Entscheidungen und Handlungen nach seinem Gewissen stärken nicht nur die Überzeugung des eigenen Handelns, sondern geben Vertrauen, auch gegen Widerstände das geplante Ziel und die Handlung umzusetzen. »Aber es gibt mitten in diesem Kampf, wenn wir mannhaft Widerstand leisten, eine gotterfüllte Ruhe dank eines guten Gewissens«, so Bernhard von Clairvaux vor 800 Jahren. Die Stimme des Gewissens erzeugt also auch Ruhe, um Widerstände zu überwinden und schwierige Zeiten zu überstehen. Entscheidungen nach dem Gewissen führen zu einem mindestens zufriedenen Zustand nach einer Entscheidung. Auch wenn die Entscheidung nicht den gewünschten Effekt hat, Gewissensentscheidungen stärken den Grad der Zufriedenheit und unterstützen den Menschen nach Entscheidungen. Dazu ein Unternehmer:

Eine Situation, in der immer mit dem Gewissen gerungen werden muss, entsteht bei Kündigungen. Grundsätzlich attestiere ich jedem Mitarbeiter, dass er aus seiner Sicht bestrebt ist, seine beste Leistung zu erbringen. Dennoch müssen wir uns von Mitarbeitern trennen und zwar dann, wenn sie unsere Werte nicht teilen können und wollen, oder wenn wir keinen Wertekonsens mehr erreichen können. Selbst wenn der Mitarbeiter seit längerer Zeit im Unternehmen beschäftigt ist, muss in diesem Fall eine Entscheidung gegen den Mitarbeiter getroffen werden. Die Entscheidung für eine Kündigung kann zwar eine Entscheidung gegen meine Grundwerte wie dem Recht auf Arbeit bedeuten, dennoch komme ich nicht umhin, dem Mitarbeiter die Kündigung auszusprechen. In der Art des Kündigungsprozesses steckt jedoch meine Freiheit, den Kontext zu meinem Gewissen herzustellen. In einem Kündigungsgespräch habe ich nochmals den Grund für die Trennung zu erörtern und kann versuchen zwischen persönlichen und sachlichen Angelegenheiten zu unterscheiden. Es soll immer um eine Sache gehen. Ich betone stets, dass es keine Entscheidung gegen seine Person als Ganzes ist, sondern immer nur gegen den einen Punkt als solchen. Im Grunde sind mir Kündigungen zuwider, aber in der Art, wie ich Kündigungen ausspreche, liegt meine Freiheit.[15]

Es liegt an uns, die Stimme des Gewissens zuzulassen. Wenn Gefühle und äußere Verlockungen dominieren, ringen wir um eine Entscheidung. Gewissensentscheidungen können auch gegen unser eigenes Gefühl gerichtet sein. Gute Entscheidungen und Handlungen können nach Emotionen getroffen werden und vom

Gewissen gutgeheißen werden. Anders ist es, wenn das Gewissen gegen die eigene Psyche und ihre Gefühle entscheidet.

Die Stimme des Gewissens kann unangenehm sein

Der Büchsenmachermeister war Vorgesetzter einer Gruppe von ca. 20 Facharbeitern in einer Waffenfabrik. Er verstand sich eher als Kollege und wurde von den Arbeitern als natürliche Autorität geachtet und anerkannt. Sein Team stellte Teile für eine Maschinenpistole der deutschen Polizei her. Sehr motiviert arbeitete die Gruppe des Meisters, sehr effektiv, die Löhne und Gehälter waren überdurchschnittlich hoch und die Zufriedenheit mit dem Arbeitsplatz und der Unternehmensführung konnte nicht besser sein. Der Büchsenmachermeister arbeitete gerne, er war erfolgreich und anerkannt.

Sein Gewissen, mit dem er schon immer ›Zwiesprache‹ hielt – er ist gläubiger und kritischer Mensch –, konfrontierte ihn ab und an mit der Tatsache, dass er zur Herstellung von Waffen beitrug, die letztendlich zum Verletzen oder zum Töten von Menschen dienen. Diese Waffen werden auch noch in hervorragender Qualität erzeugt. Er konnte sich und sein waches Gewissen aber damit beruhigen, dass seiner Überzeugung nach im demokratischen Deutschland, durch die Gesetze bestimmt die Maschinenpistolen von der Exekutive nur eingesetzt werden, um ›Schlimmeres‹ zu verhindern. Die dennoch aus seiner festen Gläubigkeit erwachsenen, belastenden Fragen, zum Beispiel nach dem sogenannten finalen Rettungsschuss beantwortete er vorerst mit dem gesetzten und auch natürlichen Recht auf Notwehr. So weit konnte der Büchsenmacher mit seinem Konflikt noch relativ gut umgehen. Aber nach weiterer innerer Reifung brach sein innerer Konflikt offen aus, nachdem nämlich die erzeugten Produkte auch in andere Länder exportiert wurden, die nicht demokratisch geführt wurden.

Er fühlte sich mitschuldig daran, dass mit seiner Hilfe Menschen unterdrückt und unter Umständen verletzt oder getötet werden, und dies nicht, um Schlimmeres zu verhindern, sondern um ›Schlimmeres zu stabilisieren‹«. Er litt unter der Erkenntnis dieser Möglichkeit, die Freude an seiner Arbeit kehrte nicht mehr zurück und die Arbeit ging ihm auch nicht mehr leicht von der Hand. Immer wieder versuchte er, wie früher, sein Gewissen zu beruhigen, aber es gelang nicht mehr. »Etwas war stärker geworden«, so seine Aussage.

Der Konflikt dauerte zirka ein Jahr, auch sein privates Leben wurde beeinträchtigt. Er bezeichnete seinen Zustand als echte Krise. Eine schwere Entscheidung stand bevor. Fast alle Bereiche stimmten, sein Gehalt, die Qualität des erzeugten Produktes, sein hochmotiviertes Team und seine Vorgesetzten. Er hatte Anerkennung und Erfolg. Nur sein Gewissen wollte nicht mehr weiter verdrängt und unterdrückt werden, es wurde immer mächtiger. Zu jener Zeit sprach er offen mit seiner Frau über die Situation und beide kamen zum Ergebnis, dass er in der Firma kündigen solle. Der Büchsenmacher war zu dieser Zeit 44 Jahre alt, vertraute auf seine fundierten und menschlichen Qualitäten und auch trotz seiner Kündigung auf das Verständnis und die Fürsprache seiner Vorgesetzten. Er sprach offen mit seinen Kollegen und seinem Chef über seinen Konflikt und erlebte sowohl einige Versuche, ihn umzustimmen, als auch nachdenkliches Verständnis.

Mit den besten Empfehlungen wurde er aus den Diensten entlassen und suchte nach einem neuen Engagement, das er im Landmaschinenbau, nicht gut bezahlt, fand. Er fühlte sich trotzdem bedeutend wohler und insgesamt gestärkt. »Dieser Wechsel war notwendig«, sagte er, »jetzt komme ich besser mit mir klar.«[16]

Wer ständig gegen sein Gewissen handelt, verliert seine geistige Mitte

Wir handeln dann aus der geistigen Mitte heraus, wenn wir Entscheidungen nach der eigenen Freiheit und der eigenen Verantwortung ausrichten. Wir sind selbst Gestalter unseres Lebens und können entscheiden, uns den Bedürfnissen unserer Psyche hinzugeben (Ich muss siegen, weil ich recht habe. Ich wurde beleidigt, das kann nicht auf mir sitzen bleiben. Ich bin jetzt beleidigt, und das bleibe ich die nächsten Tage) oder durch eine Gewissensentscheidung Vergebung und Milde walten zu lassen. Kindererziehung ist das Heranführen von jungen Menschen an verantwortliches Denken und Handeln im erwachsenen Leben. Es kommt der Zeitpunkt, wo jeder Mensch für sich und seine Zukunft selbst entscheiden muss. Verantwortliches Entscheiden in der eigenen Freiheit ist auch das Realisieren von inneren Spannungen, die jeder Mensch verspürt, den Widerwillen, sich einer vielleicht unangenehmen Sache hinzugeben oder eine längere Durststrecke mit Entbehrungen auf sich zu nehmen. Es ist der Widerwille, mit einer etwas unangenehmen Person zusammenzuarbeiten oder eine gesellschaftliche Krise gegen die inneren Gefühle zu beenden. Freilich wird in unserer medial gestalteten Welt mit den überbordenden Versuchungen, seine geheimen Wünsche sofort zu stillen, hier den Menschen nur signalisiert, dass sämtliche Wünsche mit etwas Geschick erfüllt werden können. Alle diese geheimen Versuchungen beziehen sich letztendlich auf eine Triebbefriedigung und einen Spannungsabbau der Psyche. Macht, Schönheit, Erfolg, Reichtum, Durchsetzung, Siegen, Anerkennung sind Beispiele für Leitlinien, die Entscheidungen beeinflussen. Wer meint, in einem Streit sich durchsetzen zu müssen, weil er sich dann mächtig und als Sieger fühlen kann, handelt in seiner Freiheit unfrei, weil die Verantwortung für die Entscheidung an eine Triebregung abgegeben hat und nur das Tier aus ihm spricht.

Freiheit und Verantwortung beinhalten auch kritisches Denken sich selbst, meinen Gefühlen, Gedanken und Handlungen gegenüber. Nehmen wir das Beispiel einer langen Ehe, wo gerade das letzte Kind außer Haus gegangen ist und nunmehr die ursprüngliche Zweierbeziehung wieder eintritt. Das ältere Ehepaar entdeckt, wie sehr es sich auseinandergelebt hat und jeder mit der neuen Situation des leeren Hauses anders umgeht. Es kann jetzt jeder für sich entscheiden, die Ehe zu beenden, wenn er meint, seine Freiheit wiederzuerlangen, ohne dabei zu berücksichtigen, dass die Entscheidung aus einer Unfreiheit entstanden ist. Entscheiden wir ausschließlich nach unseren augenblicklichen Gefühlen und Befindlichkeiten, legen wir die Verantwortung der Entscheidung in die Gefühle, in unsere Psyche. »Ich habe keine Empfindungen mehr für den Partner«, hält nicht als Argument, weil die neue Situation ihn erheblich belastet, er vielleicht auch krank geworden ist und sich in einer Krise befindet. Wir verlieren unsere geistige Mitte, wenn wir unsere Verantwortung auf Gefühlsregungen, Lust, Unlust und Wünsche dauerhaft abstellen. Eigenverantwortung bedeutet sich der neuen Situation zu stellen, mit Vernunft, Sinn- und Werteorientierung, Herz und Intuition die Krise zu lösen versuchen, zu mildern und den Partner neu zu entdecken.

Das wohl eindrücklichste Beispiel ist Adolf Eichmann, wenn er meinte, immer ein gesetzestreuer Bürger gewesen zu sein und seine Pflicht getan zu haben. Nur über das Sinnorgan Gewissen können wir die Verantwortung umsetzen, die wir als geistige Person benötigen, um Sinn zu verwirklichen. Adolf Eichmann ist die geistige Mitte verloren gegangen, die Stimme des Gewissens ist verstummt, getötet worden durch ihn selbst, und die Psyche konnte sich ohne Kutscher entfalten und verwirklichen. Die Pferde wurden zu frei laufenden Raubtieren.

Es ist eine Herausforderung an den Einzelnen, insofern es verlangt, mehr zu sehen, als gerade gespürt und gefühlt wird, als was der Mensch in der Perspektive eines ›homo biologicus‹ wahrzunehmen vermag. Heile und gesunde Lebensverhältnisse gründen auf den geistigen Fähigkeiten der Selbstdistanzierung, der Trotzmacht und der Rückverbundenheit an etwas, das wir nicht selbst sind. Es ist Religion. Der Mensch ist eine Einheit aus dem Psychophysikum *und* der geistigen Person, nicht teilbar und reduzierbar, er ist ›das Unteilbare‹, ein ›Individuum‹.

Gewissensentscheidungen sind mutige Entscheidungen
Da Gewissensentscheidungen personale, unergründbare Entscheidungen sind, kann Widerstand bei fehlender Akzeptanz in der Gesellschaft entstehen. Das unten angeführte Beispiel zeigt, mit welchen Widerständen aus der Familie heraus das Mädchen zu kämpfen hat. Aber das Beispiel zeigt auch die Kraft, die von Gewissensentscheidungen ausgehen kann, um die Entscheidung durchzusetzen und weiter neue Ziele zu verfolgen.

MÄDCHEN ZU DIEBSTÄHLEN GEPRÜGELT
Aus Angst schwieg sie vor Gericht und wollte in Haft, um der Familie zu entkommen. Nun lebt sie versteckt. Von Rita Klein

Bonn. Seitdem sie 14 Jahre und strafmündig ist, landet die 16-jährige Tamara M. immer wieder wegen Trickdiebstählen und Betruges vor Gericht und wird verurteilt. Jedes Mal sitzt ein Familienmitglied im Gerichtssaal, und sie schweigt zu der Frage, warum sie immer wieder stahl und betrog.

Im Oktober 2009 wurde sie zum 16. Mal verurteilt, diesmal zu 18 Monaten Jugendstrafe – ohne Bewährung. Und sie hatte erkennbar nichts dagegen, ins Gefängnis zu gehen. Erst als ihr Anwalt Réne Gülpen sie wenig später zufällig ohne Familienanhang auf der Straße sah, sagte sie ihm, wie es wirklich in ihrem Leben zuging: Sie wurde bereits als kleines Mädchen zum Stehlen abgerichtet und mit Prügeln dazu gezwungen, auf Diebestour zu gehen, immer zusammen mit einem anderen Familienmitglied. Zur Schule durfte sie nicht gehen, also konnte sie nicht lesen und schreiben und war völlig abhängig. Jetzt hatte sie nur noch einen Wunsch: Sie wollte weg von der Familie, die auch noch plante, sie zwangszuverheiraten.

Und ihr Anwalt half ihr. Er setzte sich dafür ein, dass das Jugendamt sich um das Mädchen kümmerte und den Eltern schließlich das Sorgerecht entzog. Tamara ist seitdem an einem geheimen Ort untergebracht, denn die Eltern wollen sie nicht gehen lassen, suchten und fanden sie sogar einmal und hätten sie sogar weggeschleppt, wenn nicht ein Zeuge eingeschritten wäre. Nun dürfen die Eltern nur noch in überwachten Telefonaten mit der 16-Jährigen sprechen, und sobald sie wieder Druck ausüben, wird das Gespräch beendet. Vor der Familie ins Gefängnis flüchten will Tamara nicht mehr.

Deshalb legt ihr Anwalt Berufung ein gegen das Urteil des Amtsgerichts, und nun wurde der Prozess gegen die 16-Jährige vor dem Landgericht neu aufgerollt. Unter Ausschluss der Öffentlichkeit und auch der Eltern machte sich die Jugendkammer ein Bild von dem Mädchen, das nun statt auf Diebestour lieber zur Schule geht und lernt. Und befand am Ende: Die Strafe wird zur Bewährung ausgesetzt, denn die 16-Jährige hat dank vieler engagierter Helfer, die nur Gutes über sie berichten, einen anderen Weg eingeschlagen. Und alle zollen ihr großen Respekt für den gewaltigen Schritt, der Familie den Rücken zu kehren.

Als Bewährungsauflage trug ihr das Gericht auf, dort zu bleiben, wo sie ist, den Kontakt zur Familie zu unterlassen und wöchentlich acht Sozialstunden zu leisten. Tamara akzeptierte sofort.

General-Anzeiger

Im Gegensatz zum Gewissen ist die Vernunft die Kompetenz der Gründe unseres Wissens, der Gründe von Aussagen über Handlungsentscheidungen, auch über uns selbst als reflexive Einschätzung. Vernunftorientiertes Denken führt zu Selbstkritik, Selbstdistanzierung und in weiterer Folge zur Selbsttranszendenz. Vernunft wurde früher auch als der gesunde Hausverstand bezeichnet.

Nach Aristoteles gibt es fünf Annahmen, der Erkenntnis des Richtigen zu folgen:

- praktisches Können
- wissenschaftliche Erkenntnis
- sittliche Einsicht
- philosophische Weisheit und
- intuitive Vernunft (griech. nous)

Der ›nous‹ ist bei Aristoteles sogar das höhere Erkenntnisvermögen, denn nur durch die intuitive Vernunft, den ›nous‹, gelangen wir zur Einsicht in die Grundlagen unseres Wissens.

Kehren wir zurück zum Gewissen, das Frankl irrational oder ein prämoralisches Wertverständnis nennt. Es ist nach ihm das ›Sinn-Organ‹ des Geistes für das Aufspüren von Sinn. Darüber, was die Person als wertvoll empfindet, entscheidet nicht die psychophysische Triebhaftigkeit (weder positiv noch negativ gemeint), die eine Person zum Zweck einer Triebbefriedigung zu einer bestimmten Handlung zwingen würde, sondern es ist die vorgreifende Wahrnehmung von Sinn und Werten für eine Situation in einem eigenständigen Akt. Dieser eigenständige Akt ist nach Frankl im Wesentlichen ein intuitiver Akt und irrational, damit nie restlos rationalisierbar und vor allen Dingen eines: Das Gewissen hat mit absolut individuellem Sein zu tun. Dieses unmittelbare Innewerden, Spüren liegt unbedingt im menschlichen Geist. Es ist des Menschen kostbarster und wesentlichster geistiger Besitz, um sinnvolle Entscheidungen treffen zu können.

Vernunft und Verstand

Verstand, Erkenntnisvermögen oder Intellekt umschreiben Zustände des Verstehens aus Erfahrung.[17] Wie auch andere Tiere haben zum Beispiel Schimpansen Intelligenz[18], wenn sie beweisen, dass sie mit einem Stock nach Termiten angeln, die sonst mit bloßen Händen nicht aus ihrem Bau zu holen sind. Der qualitative Unterschied zum Menschen liegt in der Verwendung von Werkzeugen zur Erzeugung von Werkzeugen. Dies machen keine Tiere. Tiere produzieren keine Werkzeuge, um damit andere Werkzeuge zu bauen. Die Unterscheidung von Wissen, Intelligenz, Verstand zu Vernunft geht auf Sokrates zurück. Die Basis ist folgender Satz: »Was ich nicht weiß, glaube ich auch nicht zu wissen.« Es gibt also ein Wissen erster und zweiter Ordnung. Das Wissen erster Ordnung ist das faktische Wissen, wie es auch in den Büchern steht, und das Erkenntnisvermögen durch unsere Erfahrung. Die Anhäufung dieses Wissens geschieht zum Beispiel in der Schule oder im Beruf durch Ansammlung von Erfahrung. Auch Tiere haben dieses Wissen, um ihr Überleben zu sichern, daher können wir auch von der Intelligenz von Tieren sprechen. Dieses Wissen für das Überleben wird von Generation zu Generation durch Vorleben und Nachahmen weitergegeben. Wir können den Verstand vergleichen mit einem Computer, auf dem viele Programme aufgespielt wurden. Der Verstand, unser Wissen sagt noch nichts aus über die Anwendung dieser Programme. Es ist die Vernunft, die diese Programme richtig benutzt und einsetzt.

Im Gegensatz dazu steht die Vernunft oder der Sinn, die sich mit dem Zweck einer Handlung beschäftigen. Vernunft und Sinn kommt ins Spiel, so der Schriftsteller und Philosoph Rüdiger Safranski, wenn das Wissen den Willen nicht nur begleitet, sondern ihn hervorbringt – wenn man sich Ziele setzen kann, für die man den Willen mobilisieren muss. Dazu muss man aus sich heraus und über sich hinaustreten können. Selbstdistanzierung und Selbsttranszendenz sind daher die Potenziale des Geistes auf dem Weg zum Sinn und wesentlicher Bestandteil der Logotherapie, wie das Beispiel des Wurms, der seinen Apfel verlässt, zeigt. Das Wissen zweiter Ordnung ist das Wissen über das Wissen, genannt die Vernunft. Nur der ›homo sapiens sapiens‹ weiß, dass das, was wir wissen, nur ein Bruchteil des möglichen Wissens ist; wir kennen die Grenzen unserer Lebenswelt und können durch Handlungen der Vernunft die Freund-Feind-Unterscheidung überwinden. Auch ist uns das Philosophieren über unser Wissen gegeben.

Der Pazifist und Schriftsteller Kurt Hiller forderte bereits 1921, die Demokratie mit der ›Logokratie‹ zu tauschen, Herrschaft der Vernunft oder Geistesherrschaft über die majoritäre Demokratie. Er kommt zu dem Ergebnis, dass weder Kapitalismus noch Demokratie den Menschen nur annähernd in den Stand der Freiheit versetzt, die ihm zukommt und die nach den Normen einer sozialen Logik möglich ist.

Die zweite Erklärung zu Vernunft bezieht sich auf den griechischen Ausdruck ›logon didonai‹, das heißt, Rede stehen, Rechenschaft abgeben. Vernunft ist das Faktum, Rede und Antwort zu stehen. Es ist die Fähigkeit, mit der wir unsere Vorstellungen und Urteile, unsere Ziele und unser Auftreten analysieren und kritisieren können. Es ist die Methode der ›Elenktik‹, die kritische Überprüfung von Überzeugungen, seiner eigenen und fremden Meinung.

Wir nähern uns hier wieder der Bedeutung des Wortes Logos an, in dem das Wort Vernunft ebenso steckt wie das Wort Sinn. Auch erinnern wir uns hier an die kopernikanische Wende, die zeigt, dass wir die Befragten sind und zu antworten haben. Wir haben Rechenschaft abzugeben.

Wir sind in der Lage, Fehler, Schwächen, Interessen von uns selbst als solche zu erkennen. Die Vernunft ist die Fähigkeit, über die potenziell jeder Mensch verfügt, die aber nicht immer entwickelt ist und häufig durch den psychischen Einfluss bei verschiedenen Situationen nicht entfaltet ist (Sex statt Liebe). Ein hohes faktisches Wissen zeigt nicht selbstredend vernunftorientiertes Agieren an, oder wie es Hans Küng formuliert: »Sachwissen ist noch kein Sinnwissen.«

Der Grad des Wissens eines Menschen sagt noch nichts über seine Bildung aus. Die Geschichte zeigt, dass faktisches Wissen nicht selbstredend Bildung hervorbringt. Grausame Mörder und Menschenverächter können Berufe mit langer Ausbildung haben, Radovan Karadžić, der bosnische Serbenführer, ist promovierter Mediziner und Psychiater und einer der großen Massenmörder der letzten Zeit, Pol Pot war zwei Jahre buddhistischer Mönch.

Der Philosoph Kant ging so weit zu sagen, dass die menschliche Vernunft im Moralischen selbst bei normalstem Verstand leicht zu großer Richtigkeit und Ausführlichkeit gebracht werden kann[19], und weiter heißt es, dass es »keiner Wissenschaft oder Philosophie bedürfe, um zu wissen, was man zu tun habe, um ehrlich und gut, ja sogar, um weise und tugendhaft zu sein«. Es sind ermunternde Sätze, darum zu wissen, dass wir jederzeit unsere Vernunft gebrauchen können, um richtige sinnorientierte Entscheidungen treffen zu können. Für Frankl ist es das Gewissen, ein Teil unseres Geistes, das uns hilft, das ›An-sich-Gute‹ (das Sinnvolle) zu erkennen. Gewissen ist unser ›Sinn-Organ‹ auf der Suche nach Sinn (Frankl).

Die menschlichen Katastrophen der neueren Zeit zeigen in kaum da gewesener Weise auf, wie wenig auf das Sinn-Organ Gewissen in der entscheidenden Phase der moralischen Verantwortung durch die Führungsperson und den Entscheider zurückgegriffen wird. Nur sehr selten wird eine moralische Verantwortung übernommen und der Rücktritt eingereicht. In der Regel wird die Verantwortung so lange weitergeschoben und verschoben, bis die Verantwortung im Niemandsland endet und die Angelegenheit durch neue Sensationen aus dem Bereich der Öffentlichkeit verschwindet. Dann verschwindet auch die Frage, wer eigentlich die Verantwortung hatte. (Eine evangelische Bischöfin tritt nach Trunkenheit am Steuer nach einem Tag zurück, ein katholischer Bischof muss aus seinem Amt gedrängt werden, nachdem Veruntreuungen an das Tageslicht kamen.) Gerade Menschen in der zweiten Lebenshälfte sind durch ihre reichhaltige Lebenserfahrung in der Lage, das Lebenswissen, das auch die Verantwortung neben der Freiheit einschließt, an die jüngere Generation weiterzugeben. Auch dies ist eine Lebensaufgabe für die Generation in der zweiten Lebenshälfte: durch ihre Haltung Vorbild zu sein für jüngere Menschen. Wir kommen nicht weiter, wenn wir die Jugend ob ihres Verhaltens kritisieren, aber selbst keinen Beitrag zur Vorbildwirkung leisten.

Nicht mehr Tier und noch nicht Engel, meint der Psychiater Hoimar von Ditfurth, wenn er den Menschen beschreibt und auf den Philosophen Blaise Pascal zurückgreift. Er macht es an einem Beispiel fest: Ob uns eine Speise attraktiv erscheint oder nicht, darüber wird in erster Linie nicht auf der Ebene des Großhirns unserer Vernunft entschieden, sondern auf der Ebene des Zwischenhirns, in unserer Psyche. Wenn der Mensch Hunger verspürt und den Geruch von gutem Essen in der Nase hat, wird die Bereitschaft sehr groß sein, die Speise zu essen. Der begonnene Prozess vom Zwischenhirn bedingt auch eine Reaktion der Gefühle, die ebenso bei Hunger entsprechend reagieren, wenn Essensgeruch in die Nase dringt. »Die eigentliche Bedeutung der Angelegenheit besteht darin, dass diese Abhängigkeit der Zusammensetzung der Wirklichkeit von der jeweiligen inneren Bereitschaft sich in strenger Parallelität auch im bewussten Erleben widerspiegelt«, so von Ditfurth.[20] Und weiter meint er, dass hinter der scheinbar banalen Erfahrung, dass uns Essensgeruch nicht als verlockend erscheint, wenn wir satt sind – dass wir ihn dann unter Umständen gar nicht wahrnehmen oder er uns gar als abstoßend erscheint –, sich nichts weniger verbirgt als die Tatsache, dass die Programme des Zwischenhirns mit ihren archaischen Gesetzen auch innerhalb der von uns bewusst erlebten gegenständlichen Welt noch immer wirksam sind. Jeder wird bei sich feststellen, dass bei Hunger und einem wunderbaren Geruch von Essen in der Nase die Verlockung, diese Speise gleich aufzuessen, sehr groß ist, um das Gefühl der inneren Befriedigung zu erreichen. Bei gutem Essensgeruch schmilzt unsere ›Freiheit‹ rasch dahin.

Wir sind die einzigen Lebewesen, die Vernunft und eine geistige Dimension besitzen. Es mag sein, dass es im Übergangsbereich zwischen Psyche und geistiger Dimension einen Graubereich gibt, in dem höher entwickelte Tiere ähnliche Fähigkeiten haben wie der Mensch. So ist seit Kurzem bekannt, dass auch Schimpansen kleine Ansätze von Kulturbildung innerhalb der Gruppe haben und auch Humor gegenüber ihren Artgenossen zeigen können. Es ist aber eine gefährliche Illusion, so Ditfurth, dass wir uns durch den Besitz von Vernunft von allen anderen Lebewesen grundsätzlich und radikal unterscheiden. Wir können uns zwar als die ›Krone der Schöpfung‹ bezeichnen, aber dies ist nur die eine Hälfte der Wahrheit. Die andere Hälfte besteht darin, dass wir uns in einem

Übergang befinden. Dass wir, zwar schon im Besitz von Vernunft, dennoch den Übergang vom Tier zum Mensch noch nicht vollständig vollzogen haben. Unsere Gefühle sind weiterhin vorhanden und die archaischen Triebe können wir nicht beseitigen. Unsere geistigen Fähigkeiten, unsere Gedanken und Vernunfthandlungen werden weiterhin von der Psyche beeinflusst, die wir von unseren biologischen Vorgängern geerbt haben. Unsere Gedanken, unsere Weltsicht, die Moral und Ethik wird mitbestimmt von der psychischen Ebene, die nicht automatisch vernunftorientiert ist.

Wir dürfen allerdings die Gefühle, den Verstand und Intellekt nicht verteufeln, immerhin hat die Zusammenarbeit mit der Vernunft uns so weit gebracht, dass wir uns über das Tierreich hinaus entwickeln konnten und zu dem wurden, was wir augenblicklich sind. Wir benötigen unsere Gefühle und Triebe, aber eines lässt sich ebenso nicht verleugnen: Der Maßstab unmittelbarer Menschlichkeit ist der Geist; er ist die Urkategorie des Herzens.

Die geistige Dimension ist das Fundament für sinnvolles Leben und kann darüber die Psyche regulieren und positive Einwirkungen im Soma unseres Körpers nach sich ziehen. Wer ein sinnvolles Leben verspürt, wird gute Gefühle in sich tragen, die wiederum dazu führen, dass auch der Körper weniger Stress verspürt, andere Risikofaktoren abgebaut werden und das gesamte System Mensch gesünder wirkt. Freilich können Krankheiten nicht ausgeschlossen werden. Eine Garantie auf Gesundheit gibt es nicht. Allerdings stärkt das Leben vom Geistigen her nicht nur das Urvertrauen und echtes Selbstbewusstsein, sondern fördert auch die Psychohygiene. Insgesamt kommt es zu einem ausgeglichenen Leben. Die geistige Dimension des Menschen ist eine autonome Macht, die gegen die Welt steht. Die Welt kann gut oder böse sein, aggressiv oder liebevoll, abreagierend oder agierend, verzeihend oder racheführend. Der heile geistige Personenkern kennt diese Polaritäten nicht. Wertvolles wird über die geistige Dimension geschaffen. Vergebung, Loslassen oder Gelassenheit sind Elemente, die sich über die psychische Dimension hinwegheben, aus der Subjekthaftigkeit der Natur in der objektiven, geistigen Welt stehen. In der Psyche sprechen wir von Zuneigung, Sympathie und Gefühlen, die auch ins Gegenteil umschlagen können, in Abneigung oder Hass. Liebe steht für sich, entzieht sich der Subjekthaftigkeit und steht auch dann, wenn das Subjekt gestorben ist. Wahre Liebe benötigt kein Subjekt.

Die geistige Dimension ist wie ein Fixstern am Firmament, kann nie untergehen oder erkranken. Das Geistige ist heil.

Die geistige Dimension hat etwas ›Überirdisches‹ an sich, nicht nur dem Wort entsprechend, sondern auch dem Inhalt folgend. Aus dem indogermanischen Bereich kommend bedeutet es auch ›außer sich sein‹, oder beim gotischen ›usgeisnan‹ wird es mit ›erschrecken‹ bezeichnet. Wahrheit kann erschrecken, wie ein Schlossgeist, kann ein Unruhestifter sein, wenn unsere Psyche andere Wege beschreiten möchte, Image, Ruhm, Gier, Neid oder Macht uns in eine Sackgasse führen und die Sinnhaftigkeit unseres Lebens infrage gestellt wird. Das Erkennen von Sinnlosigkeit kann ›erschreckend‹ sein.

Die Liebe führt uns zu anderen Menschen über unsere Hilfsbereitschaft, unser Mitgefühl, über die soziale Verpflichtung oder einfach nur dadurch, den anderen, das ›Du‹ als solches zu akzeptieren, auch wenn es Böses tat. Liebe verlangt keinen Preis oder erwartet etwas. Wahre Liebe kennt keine Erwartungshaltung. Der existenzielle Raum, der Raum, in den wir hineinschreiten, wird durch die Liebe ausgefüllt, obwohl die Gefühle uns möglicherweise Ablehnung, Lustlosigkeit, Antipathie, Hässlichkeit des Gegenübers zeigen können.

Unsere Rückverbundenheit, der Glaube an Gott, das Vertrauen in eine kraftgebende und behütende Instanz führt über unser Dasein hinaus. Die ›Autorität‹ einer Person entwickelt sich nur über die geistige Dimension. Der alte Römer würde dazu ›auctor‹ sagen und damit ›Urheber, Gründer‹ beziehungsweise ›Gültigkeit und Glaubwürdigkeit‹ beschreiben. Der Urheber von Glaubwürdigkeit ist die geistige Dimension. Wahre Autoritäten sind Menschen, deren Macht aus der geistigen Dimension, deren Macht aus glaubwürdigen Erkenntnissen entspringt und jenseits einer materiellen Welt liegt. Wer *glaubt*, seine Autorität durch äußere Umstände zu erreichen, irrt nicht nur, er wird die so erlangte Autorität mit Macht und Gewalt verwechseln und gegen den Verlust absichern oder bei Verlust in ein tiefes Loch fallen. Wahre Autorität ist auch deshalb glaubwürdig, da der heile geistige Kern nur Gutes bewirken kann und mit Verantwortung ausgestattet seine Freiheit sinnvoll einsetzen kann. Das alles bleibt nur so lange wach, wie das Wissen um unsere geistige Person lebendig bleibt.

Der heile geistige Personenkern

- *Liebe* fördert Freude an der Arbeit, Vorleben, Geben ohne Verlangen.
- *Wertempfinden* fördert die Steigerung der eigenen Wertschätzung und dient dem friedvollen Zusammenleben.
- *Sinnorientiertes Denken* fördert die Entwicklung einer verlässlichen Orientierung für sinnvolle Entscheidungen.
- *Gewissen, Vernunft* fördert die Entwicklung von Erfahrung und Weisheit.
- *Schöpferisches Denken* fördert Rückverbundenheit zum Geistig-Ursprünglichen.
- *Ethisches Denken* fördert gesellschaftliche Verantwortung und schützt den anderen.
- *Gelassenheit* fördert die Souveränität der eigenen Person.
- *Humor* fördert das Er-Tragen von negativen Ergebnissen.
- *Dankbarkeit* fördert Sensibilität und Aufmerksamkeit für Werte, für das Leben an sich.
- *Vergebung* fördert die Anerkennung des DU trotz Schwächen und Fehlern.

DIE PSYCHOPHYSISCHE DIMENSION

Nicht nur der Mensch ist mit einer Psyche ausgestattet, auch Tiere haben Emotionen und Kognitionen. Die Psyche ist das ›tierische‹ Element des Menschen und wird durch die geistige Dimension überwölbt. Wir haben eingangs erwähnt, dass die meisten Psychotherapien auf der Ebene der Psyche des Menschen ihre Heilungschancen suchen und hier insbesondere versuchen, kausal zu arbeiten, also aufdeckend und erklärend. Mit der Frage nach dem Warum wird versucht, Probleme und Krisen zu lösen. Dem entgegengesetzt bietet die Logotherapie einen lösungsorientierten, finalen Ansatz an, der immer in die Zukunft gerichtet ist und das hier gezeichnete Menschenbild zum Inhalt hat. Wir *haben* eine psychische Dimension, wir *sind* aber nicht unsere Psyche. Angst zum Beispiel sichert unser Überleben, übermäßige und grundlose Angst stört jedoch das Leben. Zu viel Angst blockiert nicht nur das Denken, auch alle Handlungen unterliegen der Angst. Die betreffende Person wird sozusagen zur personifizierten Angst. Die Angst kann den Menschen buchstäblich beherrschen und bei schweren Zuständen von seiner geistigen Dimension abschneiden. Der Mensch *ist* aber nicht die Angst, er *hat* sie. Diese gedankliche Wende kann eingesetzt werden, um Angst zu reduzieren durch die Kräfte der geistigen Dimension. Ich bin trotzdem Mensch mit allen meinen Dimensionen (Menschenbild), trotz Angst kann ich meine Freiheit ausfüllen. Hier setzt ein spezielles von Frankl entwickeltes Werkzeug, die paradoxe Intention, ein, die Übermacht aus der Psyche zu reduzieren und zu dem zu machen, was sie ist: eine den Menschen schützende Emotion.

Es bedeutet, dass wir durchaus in allen Teilbereichen der Psyche mittels Vernunft (= geistige Dimension) Einspruch erheben können und zumindest zeitlich befristet einen Aufschub der Triebbefriedigung und der emotionalen Erregungen erwirken können. Der Geist (= Kutscher, Dirigent) führt die Psyche durch seine Kompetenz und gewaltfreie Autorität. Bei Hunger können wir trotzdem weiterarbeiten und nicht sofort, wie das Tier es machen würde, bei der ersten Gelegenheit essen. Nicht jeder Mensch, der uns sympathisch ist, wird sexuell bedrängt, um seine Gene in die nächste Generation weiterzutragen, weil unsere geistige Dimension dagegen Einspruch erheben würde und eine Triebbefriedigung aus vielen Gründen nicht opportun wäre.

Als mündige Menschen bilden wir eine Einheit aus dem Psychophysikum und der geistigen Dimension. Einheit ist gleichzusetzen mit dem Bild des Kutschers, der seine Pferde vorwärtstreibt hin zu einem wertvollen Ziel.

Nehmen wir ein Beispiel aus der Paarberatung. Der Mann beklagt sich, seine Frau wäre ein Morgenmuffel. Die Wochenenden beginnen immer ziemlich trostlos, weil seine Frau morgens schlechte Stimmung verbreite. Würde der Mann nur aus seiner Psyche bestehen, könnten wir der Beschreibung folgend annehmen, dass er nicht anders kann, als entweder aggressiv gegen sich oder seiner Partnerin gegenüber zu werden oder sich anders abzureagieren und schlecht gelaunt zu sein. Da wir allerdings über eine korrigierende Freiheit in der geistigen Dimension verfügen, die möglichst sinnvoll zu einer vorgefundenen Situation Stellung nehmen kann, erheben wir gegenüber dem Mann als Therapeut Einspruch. Was hindert den Mann, trotz seiner negativen Empfindungen aufgrund des morgendlichen Stimmungstiefs seiner Frau gegenüber freundlich zu sein, ein nettes Wort der Begrüßung zu äußern und aus seiner geistigen Dimension heraus seine eigene Psyche mit den negativen Gefühlen in den Griff zu bekommen. Er würde dem Gesollten der Situation folgen, dem Wozu (Wozu fordert mich die Situation heraus?). Wir haben die Willensfreiheit, dies zu entscheiden. Diese Art der Vorleistung, gerade das Gegenteil zu den eigenen Empfindungen zu tun, überwältigt in nahezu allen Fällen eine schlechte Stimmung beim Partner und kann helfen, festgefahrene Konflikte zu lösen.

Mit der Definition der Psyche taucht auch der Begriff der Freiheit in einem interessanten Zusammenhang auf. Viktor Frankl lehnt die totale Freiheit ab, weil es sie nicht gibt, und schreibt: »Alle Freiheit hat ein Wovon und ein Wozu: Das, ›wovon‹ der Mensch frei sein kann, ist das Getriebensein – sein Ich hat Freiheit gegenüber seinem Es. Das aber, ›wozu‹ der Mensch frei ist, ist das Verantwortlichsein.«

In der Regel wird bei Freiheit immer nur nach *Freiheit von* gefragt: Frei zu sein von

- den Einflüssen der Eltern,
- von Krankheit,
- von Angst,
- von Abhängigkeiten und Willkür
- von Ehepartner und Kindern
- von Verantwortung und Disziplin
- von regelmäßiger Arbeit

Wir haben uns aber nicht die Frage zu stellen nach dem ›von‹, sondern zu fragen nach dem ›wozu frei sein‹ und hier setzt Frankl ein mit der Freiheit ›zu etwas‹. Frankl unterstreicht die Bedingtheiten und Prägungen des Menschen. Aber: Der Mensch ist frei von etwas, allerdings nur unter der Bedingung zum Freisein zu etwas, nämlich: Sinn und Werte zu verwirklichen. Selbstverständlich ist Freiheit ein relativer Begriff, weil zu viele Abhängigkeiten den Menschen bestimmen. Er wird also nie komplett frei sein, aber immer frei sein zu einer Stellungnahme, auch gegenüber seinen triebhaften Spannungen und Gefühlen.

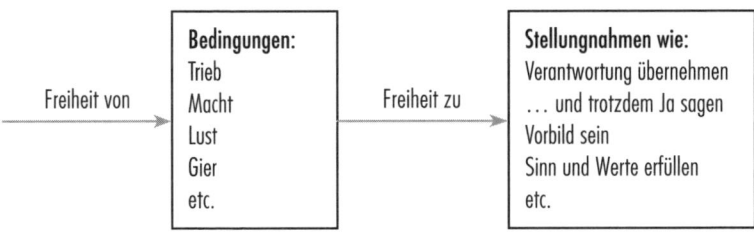

Wir leugnen nicht alle Regungen aus unserer Psyche. Elisabeth Lukas hält es für Unsinn, an den grundlegenden Prinzipien unseres Lebens zu zweifeln, aber über der Psyche gibt es eine höhere Instanz im Menschen, eine Ebene von Vernunft, Gewissensentscheidung und den Willen zum Sinn.[21] Aus welchen Teilbereichen besteht die Psyche?

PSYCHISCHE DIMENSION	
Instinkte	
Triebe	Emotionen
Gefühle	
Affekte	
Denken	
Wahrnehmung	Kognitionen
Erkennen	
Verstand (Intellekt)	

Die Zustände unserer Psyche werden sehr leibnah erlebt und sind mit dem Soma, dem Körper, untrennbar verbunden, wie aus psychosomatischen Erkrankungen und Stressreaktionen erfahrbar wird (Herzrasen, Schwitzen, schlaflose Nächte, Lampenfieber). Instinkte und Triebe sind von Geburt an vorhanden und sichern das Überleben des Menschen. Zu ihnen zählen das Bedürfnis nach Nahrung, Wasser, Sauerstoff, Ruhe, Sexualität und Entspannung. Instinkte sind Naturtriebe, das lateinische Wort dazu ›instinguere‹ bedeutet so viel wie: ›anstacheln, antreiben, hineinstechen‹.

Die Sekundärtriebe (das Bedürfnis nach Anerkennung und Sicherheit) entwickeln sich nach der Geburt zwischen dem ersten halben und zweiten Lebensjahr.

Nehmen wir das Beispiel Einsamkeit: Es ist ein Gefühl und Bestandteil der Psyche. Ältere Menschen leiden häufig unter Einsamkeit. Wird diese Einsamkeit übermächtig, ergreift sie Besitz auch von anderen Teilen der Psyche. Die Wahrnehmung kann sich reduzieren, das Denken eingetrübt werden durch die kreisenden Gedanken um die fehlende Zweisamkeit oder übermäßiges Sprechen als Ausdruck der Einsamkeit ein Gegenüber treffen. Auch andere Teile der Gefühlswelt werden belastet, die sich in Form von verschiedenen Krankheiten (zum Beispiel Depression) oder Handlungen zeigen. Der Körper (Soma) ist mit betroffen. Die korrigierende Instanz ist die geistige Dimension. Es ist Aufgabe des Therapeuten, die Blickrichtung zu weiten, gemeinsam mit dem Betroffenen Möglichkeiten im Freiraum auszuloten, wo Handlungen und Aktivitäten gesetzt werden können, um aus dem Gefühl der Einsamkeit herauszukommen und sinnerfüllt zu werden. Es ist ein finaler Ansatz, der nicht nach dem Warum der Einsamkeit fragt, sondern nach dem gewünschten Ergebnis sucht, den Betroffenen in das Agieren zu versetzen.

In der Diskussion über die Einsamkeit von älteren Menschen sagte die Zuhörerin eines Vortrages von uns, es sei doch einfach, ältere Menschen herauszuholen. Im Gespräch sollte man den Vorschlag machen, in die Natur zu gehen und alle Eindrücke auf einen wirken lassen, hier fände man doch wirklich den Sinn. Im Kern ist der Gedanke richtig, aber er nähert sich einer Bestimmung an, etwas tun zu müssen, das jemand empfiehlt, um Sinn zu finden. Da Sinnfindung immer eine persönliche Aufgabe ist, kann nur im Freiraum der betreffenden Person selbst danach gefahndet werden, welche Tätigkeiten für sie sinnvoll wären. Die Entscheidung kann nicht abgenommen werden und liegt immer bei dem Sinnsuchenden selbst.

WEGE ZUR SINNFINDUNG IN DER ZWEITEN LEBENS-HÄLFTE

Der Mensch ist grundsätzlich darauf aus, Sinn zu erfüllen und Werte zu verwirklichen, so Frankl. Dies gilt für alle Menschen, für junge und alte. Wenn hier die Rede davon ist, dass Sinnerfüllung die Urmotivation für das Leben ist und daher erheblich zu seelischer Stabilität beitragen kann, müssen wir uns die Frage stellen, wie wir nunmehr konkret zu Sinnerfüllung kommen. Das Gefühl von Sinnlosigkeit hat seine Ursachen kaum darin, dass es an Angeboten für Freizeitgestaltung und beruflichen Tätigkeiten fehlt. Die Möglichkeiten sind unüberschaubar. Insbesondere für die ältere Generation gibt es heute wesentlich mehr Möglichkeiten, sich sinnvoll zu beschäftigen als früher. Für uns ergibt sich daraus die Anforderung, unterscheiden zu lernen, um mit der eigenen Zeit maßvoll umzugehen. Zeit ist ein knappes Gut und je älter wir werden, desto kostbarer wird Zeit.

Welchen Weg müssen wir auf unserer Reise (›sinnan‹, die Ableitung des Wortes Sinn steht für ›reisen‹) zu den Werten einschlagen? Mit Warum-Fragen kommen wir nicht weiter. Vielmehr sind es Fragen um die Zukunft unserer Handlungen und Haltungen, die uns weiterhelfen: Wozu fordert mich die Situation heraus? Wo liegt mein Freiraum? Wo ist der schicksalshafte Bereich des Unveränderlichen? Wo kann ich mich nur auf die Situation einstellen? Wo kann ich mich selbst einbringen, verändern und letztendlich aktiv gestalten? Hier erinnern wir uns an die Bedeutung des Wortes ›Logos‹ für die Sinnfindung:

- Nachdenken
- Vernunft
- Gewissen
- Agieren
- Sinn

Es hilft, seine Lebenssituation nach dem Grad seiner Freiheiten gedanklich zu strukturieren und nach Sinnmöglichkeiten zu suchen. Wir haben einen unveränderbaren Lebensbereich – unseren schicksalshaften Bereich –, an dem nicht gerüttelt und keine Veränderung vorgenommen werden kann. Die einzige Veränderung liegt bei uns selbst, eben den unveränderbaren Teil, das Schicksal anzunehmen, sei es durch Aushalten, Tragen des Leids oder neue Sichtweisen. Andererseits hat jeder Mensch einen mehr oder minder veränderbaren Lebensbereich, den wir zeitlich in eine kurz-/mittel-/langfristige Veränderbarkeit einteilen können. Hier geht es um die Frage, wo wir im Rahmen unserer Freiheit etwas verändern können, auch wenn es nur minimale Änderungen sind. Es geht nicht um die Quantität, sondern ausschließlich um die Freiheit, Veränderungen durchführen zu können.

- Schicksalhafter Bereich
- Veränderbarer Bereich
- Kurzfristig
- Mittelfristig
- Langfristig

Diese einfache Struktur hilft, die weitere Lebenssituation auf Sinn hin zu strukturieren und je nach zeitlicher Möglichkeit Aufgaben und Handlungen so zu gestalten, dass mindestens Sinnerfahrung und Zufriedenheit einkehrt.

Dazu ein Beispiel: Ein 55-jähriger Angestellter, der eine spezielle und anspruchsvolle Dienstleistung für einen internationalen Konzern verkauft, spürt eine Sinnkrise, ist unmotiviert zu arbeiten und stellt sich die Frage, ob denn jetzt nichts mehr im Leben auf ihn wartet. Das Leben ist ihm langweilig geworden. Durch die Strukturierung seiner Lebenssituation konnten wir einen ersten Schritt auf dem Weg der Sinnorientierung machen. An eine berufliche Veränderung aufgrund der hohen Spezialisierung und des vorgerückten Alters war nicht zu denken (schicksalhafter Bereich). Trotzdem konnte die Arbeit an sich weiter strukturiert werden. Es zeigte sich, wo noch kleine Freiräume zu Veränderungen vorhanden waren und sinnvoll gestaltet werden konnten, die bisher als belastend gesehen wurden. Gleichzeitig wurde an dem schicksalshaften Bereich gearbeitet und aufgezeigt, dass es durch ein existenzielles Bilanzziehen erhebliche Werte gab, die in die ›Scheune‹ eingefahren wurden. Diese Werte stärkten die Schau in die Vergangenheit und als Nebeneffekt auch das Selbstwertgefühl. Die positiven Erfahrungen wurden wieder entsprechend ihrem Wert zurechtgerückt und dem negativ besetzten Teil der Vergangenheit als Kontrapunkt serviert. Insgesamt wurde die Schau in die Vergangenheit ins Positive gedreht, weil die Werte, die bisher erfüllt wurden, wesentlich schwerer wogen als die negativen Erfahrungen, die aber auch einen Wert an sich darstellten und als Erfahrungsschatz verbucht wurden. Auch der große Bereich von Freizeit – der ›frei einteilbaren Zeit‹ – konnte strukturiert und mit neuen Sinnmöglichkeiten durch neue Aufgaben und Hinwendungen angereichert werden. Nach fünf Stunden therapeutischer Begleitung / Coaching zeigten sich die ersten Erfolge in neuer Sinnerfüllung – das gefühlte existenzielle Lebensvakuum und die Sinnleere wurden langsam, aber stetig wieder durch Sinn aufgefüllt.

Wie wir aufgezeigt haben, kommen wir nur über die existenz-analytische Art des Denkens und Handelns (wo möchte ich hin?) in jene Situationen, die im zweiten Schritt das Gefühl für Sinn-erfüllung, für Zufriedenheit und für Glück entstehen lassen. Im folgenden Zitat von Albert Schweitzer klingt vieles davon an, was Viktor Frankl aus der Sicht eines Therapeuten mit seinen ›Drei Hauptstraßen der Sinnfindung‹ bezeichnet:

Die Ethik der Ehrfurcht vor dem Leben verlangt, dass wir alle ir-gendwie und in irgendetwas für Menschen Mensch sind. Denen, die sich im Beruf nicht als Menschen an Menschen ausgeben können und sonst nichts haben, um es dahinzugeben, mutet sie zu, etwas von ihrer Zeit und Muße, auch wenn sie ihnen kärglich zugemessen sind, zu opfern. Schafft euch ein Nebenamt, sagt sie zu ihnen, ein unscheinbares, vielleicht ein geheimes Nebenamt. Tut die Augen auf und sucht, wo ein Mensch ein bisschen Zeit, ein bisschen Freund-lichkeit, ein bisschen Teilnahme, ein bisschen Gesellschaft braucht. Vielleicht ist es ein Einsamer oder ein Verbitterter oder ein Kranker oder ein Ungeschickter, dem du etwas sein kannst. Vielleicht ist es ein Greis oder ein Kind. Oder ein gutes Werk braucht Freiwillige, die einen freien Abend opfern oder Gänge tun können. Wer kann die Verwendungen alle aufzählen, die das kostbare Betriebskapital, Mensch genannt, haben kann? ... Darum suche, ob sich nicht eine Verwendung für dein Menschentum findet. Lass dich nicht abschre-cken, wenn du warten oder experimentieren musst. [22]

Schweitzer fährt fort, dass wir uns auf Enttäuschungen gefasst ma-chen sollen und jeder von uns, welche Stellung er auch immer in der Gesellschaft einnimmt, bedacht sein sollte, in seinem Verhal-ten wirklich menschlich zu sein. Auf dem rechten Weg sind wir, wenn wir uns unserem persönlichen Denken anvertrauen, ver-nunftorientiert denken, unser Gewissen sprechen lassen und von diesem Denken erwarten, dass es uns zu den Erkenntnissen und Wahrheiten bringt, die wir für ein sinnerfülltes Leben benötigen.

Ist die Hinwendung zu anderen Menschen ein erster großer Schritt für eine Sinnerfüllung, gibt es auch andere Wege, mit Sinn das reife Altern zu genießen. »Es kommt nicht darauf an, wie alt wir werden, sondern wie wir alt werden«, so die Altersforscherin Ursula Lehr. Erfolgreiches Altern und Lebensqualität lassen sich nicht von außen beurteilen, sondern nur vom Menschen selbst. Es können nur persönliche Rezepte für Sinnfindung gefunden werden, genauso, wie jeder einzelne Mensch nur seinen eigenen persönlichen Sinn finden kann.

Wir können zwar Wege der Sinnfindung beschreiben, aber jede Person muss ihren Weg selbst gehen.

Solange uns Religionen den Weg zu Sinnfindung angeboten und beschrieben haben, war die Gefahr von Frustrationen gegenüber einem sinnlosen Leben gering. Der Tübinger Theologe Hans Küng geht sogar davon aus, dass die Sinnfrage bis zum Mittelalter vollkommen irrelevant war. Für die Menschen der damaligen Zeit war die Frage seit eh und je beantwortet. Als Sinn des Lebens stand fest: Gott und das Einhalten seiner Gebote.

Die kulturelle Entwicklung des Menschen und die Emanzipation von den Religionen haben uns in eine instabile Lage gebracht. Mit Beginn der Säkularisierung verschwinden diese Wege und Angebote auf dem Weg zum Sinn und dadurch werden wir immer mehr auf uns selbst zurückgeworfen, unseren eigenen Sinn über das Sinnorgan Gewissen zu finden. Der Schutzraum, der durch die Religion und durch die mittelalterlich starre Gesellschaftsordnung einen Rahmen bildete, in dem das Leben ablief und die Sinnangebote in Anspruch genommen werden konnten, ist zusammengebrochen. In der Vergangenheit gab es nur zwei Möglichkeiten für einen Lebensentwurf: Annahme des ›angebotenen Sinns‹ durch die Religion oder als Verfolgter und aus der Gesellschaft Ausgestoßener zu leben. Auch gibt es den in allen Dörfern gepflegten Stammtisch nicht mehr, der gemeinsam betriebene Sport hat sich reduziert auf die individuelle Teilnahme in Fitnessstudios. Auch andere Quellen, wo Menschen Anerkennung und Sinnerfüllung finden konnten, wie ehrenamtliche Engagements, haben ihre zentrale Rolle in der Gesellschaft verloren. Es fehlt oft an Zeit und an dem dauerhaften Willen, sich diese Zeit zu nehmen. Insbesondere Menschen, die ihre Lebenserfüllung ausschließlich im beruflichen Engagement sehen, sind gefährdet, wenn diese Erfüllung nicht mehr funktioniert oder der Mensch davon schlagartig abgeschnitten wird. Die Quelle der persönlichen Sinnfindung darf nicht allein in der Berufstätigkeit gesucht werden. Schon der Verhaltensforscher und Nobelpreisträger Konrad Lorenz schreibt dazu:

Der Zwang zur Spezialisierung schränkt den Menschen nicht nur ein, er macht die Welt auch entsetzlich langweilig. Es ist meine feste Überzeugung, dass die ›Sinn-Entleerung‹ der Welt, über die Viktor Frankl so Treffendes gesagt hat, zum erheblichen Teil Folge des Spezialistentums ist. Wenn man nämlich die Übersicht über die Welt als Ganzes verliert, kann man auch nicht mehr wahrnehmen, wie schön und wie interessant sie ist.[23]

Wir können das immer weiter gehende Spezialistentum nicht aufhalten, wir können aber als Spezialist in der eigenen Freiheit dafür sorgen, dass die eigene Psychohygiene nicht Schaden nimmt. Wir können dafür sorgen, mindestens einen Ausgleich zur beruflichen Welt herzustellen, einer Welt, die mindestens einen Kontrapunkt zur beruflichen Aktivität erzeugt. In der Logotherapie gehen wir davon aus, dass die richtigen Wege für Sinnerfüllung bei jedem Menschen angelegt sind:

Wenn wir davon ausgehen, dass das Gewissen eine Art Sinn-Organ ist, dann gleicht es ja einem Souffleur, der einem ›eingibt‹, in welcher Richtung wir uns zu bewegen haben, in welcher Richtung wir vorzugehen haben, um an Sinnmöglichkeiten heranzukommen, deren Verwirklichung eine gegebene Situation uns abverlangt. Nur sind die Werte, auf die er geeicht ist, in einer solchen Tiefenschicht unser selbst verankert, dass wir, sofern wir uns selbst nicht untreu werden und dabei unser Selbst nicht verraten wollen, gar nicht anders können, als ihnen zu folgen: Es sind Werte, für die wir uns gar nicht entscheiden können, und zwar einfach deshalb nicht, weil wir sie immer ›sind‹.[24]

Wir werden weder als böse Menschen geboren noch als sinnlos abreagierende Wesen in die Welt gestellt. Wir können aber im Laufe des Lebens falsche Wege einschlagen und das Gespür für Werte untergraben oder unterdrücken. Wer jahrelang nicht auf sein Gewissen hört, läuft ohne Kompass in der Welt. Diese Menschen sind wie Schiffe in der Nacht, ohne Navigation und Leuchtturm. Es sind die Verhaltensweisen ausschließlich aus der Psyche heraus. Die geistige Dimension für wertorientierte Ziele ist ausgeschaltet und das Gewissen nicht zu einer Entscheidung herangezogen.

Es gibt aber auch Situationen, wo der Mensch schlichtweg den Überblick verloren hat, auf welchem Weg er weitergehen könnte. Auch gibt es Situationen der sich ausschließenden Sinnmöglichkeiten, sodass Menschen keinen Sinn finden können. Das Ringen um Sinn ist eine zutiefst menschliche Komponente, die uns zeigt, dass es im Leben Sinn geben *muss*. Wir haben ihn nur noch nicht entdeckt. Wenn wir durstig sind, wissen wir, dass es Wasser geben *muss*. Ein besseres Zeichen im Ringen um Sinn kann es nicht geben, menschlich zu agieren, um Sinn zu finden.

Es kann nicht oft genug daran erinnert werden, dass die Ausführungen Mut machen sollen, das vorhandene Leben weiter sinnvoll zu gestalten, um optimistisch in die Zukunft zu blicken. Die Wahrscheinlichkeit, dass uns eine Krankheit die weitere Sinnfindung behindert, wird mit zunehmendem Alter größer, auch die Möglichkeit von tiefer Enttäuschung durch unsere Partner und Kinder steigt, die Gefahr der Vereinsamung, im Alter keinen Sinn mehr entdecken zu können, wächst und der Tod reißt vermehrt Angehörige und Freunde aus unserem Leben. Fragen über das

Aushalten, die Perspektivlosigkeit, die Aussichtslosigkeit, das Überwinden, das Erleidenmüssen können sich nicht nur jedem Menschen stellen, sondern es sind auch herausfordernde Fragen, dem Leben einen Sinn buchstäblich abzuringen. Durch den Zuwachs an eigener Vergangenheit wächst auch die Gefahr, mit einzelnen Lebensabschnitten nicht zufrieden zu sein und frustriert zurückzublicken. Vieles im Leben verschwindet im Dunstkreis des Vergessens, Interessen können versiegen und wo einmal die Leidenschaft um etwas kämpfte, blicken wir heute in einen leeren Raum. Eines bleibt aber immer eine Konstante in unserem Leben: die Möglichkeit, Sinn zu entdecken.

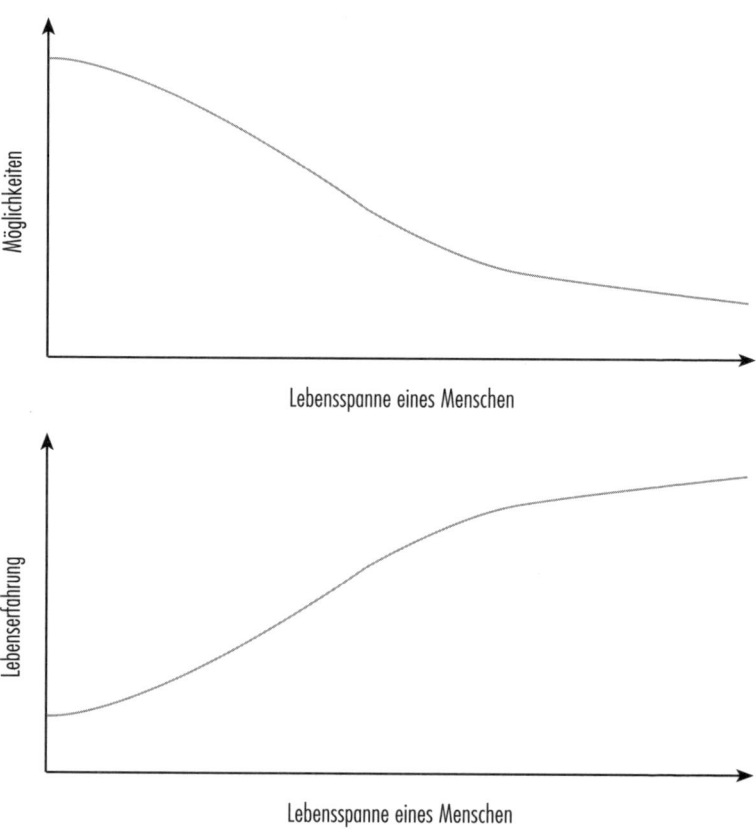

Lebensspanne eines Menschen

Lebensspanne eines Menschen

Wie die Darstellung zeigt, haben wir bei der Geburt alle Möglichkeiten dieser Welt für unser Leben. Mit zunehmendem Alter werden unsere Freiräume kleiner. Wer nicht im Vorschulalter Klavier zu spielen beginnt, wird sicher keine Pianistenlaufbahn einschlagen können. Wer als 20-Jähriger noch nicht verstanden hat, dass zu einer Managerlaufbahn Fleiß und Einsatz gehören, wird diese Möglichkeit verlieren. Es stehen ihm aber andere, möglicherweise interessantere Wahlmöglichkeiten zur Verfügung. Im Leistungssport sind diese Gedankengänge sehr präsent. Hochleistungssport können nur junge Menschen treiben; wenn der Sportler aus der aktiven Phase ausscheiden muss, wird er zwar noch immer Sport treiben können, aber auf einer anderen Ebene. So stellt sich die berufliche Entwicklung dar, so aber auch das private Leben. Wir werden bis zum letzten Atemzug immer eine Reihe von Möglichkeiten in unserem Freiraum finden, um Sinn zu entdecken.

Spiegelverkehrt läuft für jeden gesunden Menschen der Aufbau des Erfahrungsreichtums. Zur Geburt noch ziemlich unbefleckt, werden wir jeden Tag Unmengen an Informationen verarbeiten und zu unseren Erfahrungen buchen. So werden wir jeden Tag ›reicher‹, ob wir wollen oder nicht. Aus dem Reich des Möglichen verwirklichen wir Werte und Unwerte, Sinnvolles und Sinnloses und retten so die Möglichkeiten über die Gegenwart in die sichere Vergangenheit. In unserer Vergangenheit sind unsere Möglichkeiten verwirklicht, zu unserem Schatz geworden, den niemand zerstören kann, aber aus dem wir für die weitere Zukunft unsere Schlüsse ziehen können. Die Möglichkeiten werden zwar kleiner, je älter wir werden, aber es gibt *immer* Möglichkeiten, aus denen wir wählen können. Sicher extrem ist das Beispiel jener Künstlerin, die im Alter von 94 Jahren entdeckt wurde. Sie nutzte ihre Leidenschaft zum Malen, unabhängig, ob sie ein Bild verkauft hatte. Die Freude an der Erfüllung, künstlerisch tätig zu sein, wird sicherlich einer der Gründe für ihr langes Leben gewesen sein:

VON DER URALTEN SCHULE
Die 94-jährige Carmen Herrera wird als Entdeckung des Jahrzehnts gefeiert. Ist der Jugendkult in der Kunst vorbei? Von Tobias Timm
Carmen Herrera malt gern einsam und in aller Ruhe. So hat sie es die letzten sechs Jahrzehnte gehalten. Nun ist sie 94 Jahre alt und plötzlich, nein, endlich wird ihre Kunst weltweit berühmt. Die New York Times widmet ihr einen Artikel auf der ersten Seite. The Hot New Thing in Painting stand in der Titelzeile. Und der britische Observer kürte Herrera anlässlich einer Retrospektive in Birmingham gleich zur Entdeckung des Jahrzehnts … Vor sechs Jahren wurde zum ersten Mal ein Gemälde von Carmen Herrera verkauft, seitdem kaufen nicht nur Privatsammler, sondern auch die großen Museen, wie das MoMA und die Tate ihre Malerei auf … Man muss nur durchhalten, so die Verheißung, selbst wenn man jahrzehntelang seine Kunst nirgendwo zeigen darf und nichts verkauft. Nicht aufgeben, lautet die Parole! In Ruhe weitermalen.
DIE ZEIT

Eine Patientin klagte ihr Leid, dass sie Probleme mit ihrem Alter hätte. Immerhin wird sie jetzt 60 Jahre alt und es ist ihr überhaupt nicht danach zumute, eine Geburtstagsfeier auszurichten. Außerdem fühlt sie sich alt, wenn sie in den Spiegel schaut. Sie spürt die Vergänglichkeit, obwohl sie noch mitten im Leben und Beruf steht. Wir können sicher nicht die Zeit anhalten, die Falten glätten und uns durch jugendliche Kleidung verjüngen. Wir würden einem Kunstprodukt gleichen und unsere Identität verlieren. Auf die Frage, was denn Alter für die Patientin sei, konnte sie antworten, dass sie sich eigentlich wohler fühle als in jungen Jahren. Damals sei sie unreif gewesen, schüchtern und in sich gekehrt. Heute hat sie sich davon emanzipiert, auch ihr Beruf hat dazu den nötigen Anteil an Veränderung beigetragen. Die Patientin hat in sehr schöner Weise die Bedeutung ihres Alterns erklärt. Offensichtlich waren es mehr die äußeren Umstände, die zu dem Problem des Alterns führten. Und tatsächlich, ihre Falten unter den

Augen konnte sie sich nicht operieren lassen wegen einer übermäßigen Hautreaktion. Auf der einen Seite stand die Annahme des Alterns, auf der anderen Seite die Unannehmlichkeiten des Alterns. Es galt, die positive Seite zu stärken und auszubauen. Der 60. Geburtstag wurde zu einer Erinnerung umfunktioniert, freilich zu einem geistigen Leuchtturmfeuer. Dieser Geburtstag sollte ihr als Leuchtturmfeuer zeigen, dass wir nicht unendlich lange leben und unsere Möglichkeiten, wie sie vor uns liegen und auf Verwirklichung warten, auch nützen. Dieser 60. Geburtstag sollte auch zeigen, welche Abrundungen im Leben mindestens noch zu machen wären, um manche persönlichen Bereiche besser bewerten zu können. In der Erarbeitung stellte sie fest, nunmehr damit zu beginnen, ihr Leben so weit vorzubereiten, dass es nach der Pensionierung weiterhin reichhaltig bleibt, auch wenn sie noch fünf Jahre arbeitet. Sie erkannte, dass der Geburtstag einer Aufforderung gleichkommt, sich mit der Zukunft und den dann vorhandenen Möglichkeiten zu beschäftigen. Auch stellte sie fest, dass sie ihre Konfliktfähigkeit stärken wollte, einen persönlichen Bereich, in dem sie noch heute kurzfristig aus der Bahn geworfen werden kann. Es gab also den Wunsch, an der persönlichen Entwicklung noch zu arbeiten. Die vielen Gedanken an die weiteren Möglichkeiten für ihr Leben hatten sie das Problem ›Geburtstag‹ vergessen lassen und sie war voller Tatendrang, den Geburtstag als Herausforderung anzunehmen. Die Falten im Gesicht spielten jetzt keine große Rolle mehr, sie wurden zum ›Denkmal‹, darüber nachzudenken, dass wir nur eine begrenzte Zeit vor uns haben und sie sinnvoll nutzen sollten.

Kommen wir nunmehr zu einer der Kernaussagen Viktor Frankls, auf welchen ›Wegen‹ Sinn gefunden werden kann:

Es ergibt sich nämlich, dass es sozusagen drei Hauptstraßen gibt, auf denen sich Sinn finden lässt: erstens, indem wir tun, eine Tat setzen oder ein Werk schaffen; zweitens, indem wir etwas erleben, sei es

Natur oder Kunst – etwas, sage ich, oder jemanden und jeman-
den bis auf den Grund seines einmaligen und einzigartigen Wesens
erleben heißt lieben … Zuletzt stellt sich aber heraus, dass wir Sinn
nicht nur, um plump zu formulieren, in der Arbeit und in der Liebe
finden können, sondern auch dort, wo wir hilflose Opfer einer hoff-
nungslosen Situation geworden sind, einer Situation, die wir nicht
ändern können, in der wir vielmehr nur noch unsere eigene Ein-
stellung zu ihr ändern können – sie und damit uns selbst, so zwar,
dass wir menschlich gesehen, reifen, wachsen, über uns selbst hin-
auswachsen und solcherart Zeugnis ablegen von der allermensch-
lichsten aller menschlichen Fähigkeiten, nämlich der Fähigkeit des
Menschen, eine persönliche Tragödie in einen Triumph zu ver-
wandeln.[25]

Dank dieser dritten Möglichkeit ist der potenzielle Sinn im Leben, im Augenblick, in einer Zeitspanne bedingungslos: Es gibt immer einen Sinn zu entdecken.

Unsere Methode, den Sinn zu finden, liegt im Beschreiten der drei Wege zu Sinnerfüllung. ›Methode‹, die Ableitung vom griechischen Wort ›methodos‹ bedeutet so viel wie ›der Weg auf ein Ziel hin‹. Wenn wir methodisch Sinnerfüllung denken, denken wir in Werten und in Möglichkeiten, jeweils einen oder mehrere Wege zugleich zu beschreiten. Die Wege schließen sich nicht gegenseitig aus, sie ergänzen sich und wirken miteinander. Alle Wege haben als Ziel Werte, die ihrer Erfüllung harren.

SINNERFÜLLUNG HAT MIT MIR SELBST ZU TUN

Mit welcher Haltung ich dem Leben begegne und antworte, hängt nur von mir ab. Auch wenn mir Unrecht widerfuhr, hängt es von mir ab, ob ich dieses Unrecht in Form von schlechter Stimmung weitergebe oder versuche, die Kette des Unrechts zu unterbrechen. Als ein hierfür wichtiges Beispiel kann Nelson Mandela angeführt werden, der, trotz des großen Unrechts, das ihm widerfuhr, keinen Hass predigte, sondern die Kette der Gewalt und Gegengewalt unterbrach und nach seiner Haftentlassung Versöhnung und Frieden mit der weißen Bevölkerung vorlebte. Auch das *West-Eastern Divan Orchestra*, das der Dirigent und Pianist Daniel Barenboim und der Schriftsteller Edwad Said gründeten, baut darauf auf, die Kette der scheinbar automatischen Gewalt im Nahen Osten durch den bewussten Kontakt zwischen jüdischen, arabischen und palästinensischen Orchestermitgliedern zu durchbrechen. Friede beginnt mit dem Setzen von kleinen Zeichen. Jede Person, sei es im Nahen Osten oder bei sich zu Hause, kann mit seiner eigenen Haltung dazu beitragen, das Erlittene nicht weiterzugeben, sondern zu befrieden.

Der Mensch definiert sich durch sich selbst. Auch im täglichen Leben können wir ›kleine Mandelas‹ sein und uns immer auf eine Sinnorientierung ausrichten. Ein freundliches Wort als Zeichen der Nächstenliebe bringt uns weiter als der Triumph, recht behalten zu müssen. Je älter wir werden und je reichhaltiger sich unsere Scheunen des Lebens füllen, desto mehr wird unsere wachsende Lebenserfahrung zeigen, dass eben das Siegen und Rechtbehalten um jeden Preis, Ungeduld und Durchsetzungsvermögen, Egoismen und Narzissmus uns das Leben nicht erleichtern. Milde, Güte, Geduld oder die Kraft, kleine Verletzungen aushalten zu können, sind jene geistigen Fähigkeiten, die nur von uns selbst entfaltet werden können. Wie ein anderer Mensch ist, liegt nicht in unserer Verantwortung. Wir sind aber verantwortlich dafür, was wir selbst aussenden. Wenn das Du eine schlechte Laune hat, können wir trotzdem gut gelaunt dem Du begegnen. Wir fangen die schlechte Laune des Gegenübers ein und verwandeln sie in eine eigene gute Stimmung. ›Fähigkeit‹, eine Ableitung zum mittelhochdeutschen Wort ›vähen‹, bedeutet eigentlich ›wer fangen kann‹. Mit unserem geistigen Potenzial haben wir die ›Fähigkeiten‹, Schlechtes zu fangen und zu wandeln. Es hat nur mit mir selbst zu tun.

Sinnorientierung hängt von mir ab

Niemand außer mir selbst ist fähig, den Weg zu den Werten zu beschreiten. Wer sonst als ich selbst ist in der Lage, für meine Sinnerfüllung zu sorgen? Auch wenn mir ein Teil des aktuellen Lebens sinnlos erscheint, der Sinn durch Arbeitslosigkeit, Insolvenz, Tod des Partners, Unfall, Krankheit, Diebstahl usw. genommen wird, es hängt von mir selbst ab, eine neue Sinnerfüllung durch einen anderen Weg zu erreichen. Wenn der Beruf zur Frustration wird und es keine Möglichkeit von beruflicher Veränderung gibt, bin ich aufgerufen, die Sinnerfüllung auf anderem Gebiet zu suchen. Es ist zu vergleichen mit einer Waage mit zwei Schalen. Wenn auf der einen Seite der Sinn genommen wird und sich durch Frustration oder andere Gefühle, wie Aggressionen oder körperliche Stressreaktionen die Waagschale nach unten senkt, können nur wir selbst in anderen Lebensbereichen wie Hobby oder Partnerschaft den notwendigen Ausgleich herstellen. Die stetige Komplizierung und Segmentierung der Berufswelt, der stetige Kostendruck auf die Produktivität des Arbeitsplatzes, die permanente Erreichbarkeit auch außerhalb der Berufswelt lassen das Gefühl entstehen, zu rennen, sich abzuhetzen und wie ein Hamster im Rad des Lebens zu laufen. Wir treten auf der Stelle. Wir sind Getriebene. Es hängt von mir ab, was ich in die zweite

Waagschale lege. Es kann ebenso eine leistungsorientierte Freizeit sein, um sich ›gut‹ zu fühlen, es kann aber auch sinnorientierte Freizeit und Tätigkeit sein, welche die wichtige und dauerhafte Lebenserfüllung bringt, um den frustrierenden Bereich meines Lebens auszuhalten und zu mildern.

FÜR SINN IST ES NIE ZU SPÄT

Dazu ein Beispiel:

SIEGFRIED LENZ HEIRATET NACHBARIN
Jawort mit 84: Der Schriftsteller hat am Wochenende in Dänemark seine langjährige Hamburger Nachbarin Ulla Reimer geheiratet. Zu der Trauung in Sönderhav kamen rund 40 Gäste. Die 74-jährige Dänin war jahrzehntelang eine enge Freundin von Lenz' erster Frau Liselotte. Diese war nach 57 Ehejahren mit dem Autor der Deutsch-stunde im Jahr 2006 nach langer Krankheit gestorben. Ulla Reimer habe ihn nach dem Tod seiner Frau mit dem Trost vor dem völligen Zusammenbruch gerettet, berichtete Lenz. 2008 widmete er ihr die Liebesnovelle ›Schweigeminute‹, die den Sprung in die Bestsellerliste schaffte. Das Paar wird abwechselnd in Hamburg und in Dänemark wohnen. DPA
FINANCIAL TIMES DEUTSCHLAND

Da wir ein entscheidendes Sein sind, wie der Philosoph Karl Jaspers uns als Wesen einmal nannte, können die Entscheidungen, Sinn zu erfüllen, nie einer zeitlichen Begrenzung unterlegen sein. Der Schriftsteller Dietmar Grieser hat ein Buch über die Sinnfindung von ›Spätberufenen‹ geschrieben und in 30 Lebensläufen beschrieben, wie sich große Erwartungen oft auch erst im Nachhinein erfüllten. Ob es Herr Köchel war, der Mozarts Werkverzeichnis erstellte, oder die Bäuerin Anna Wimschneider, die mit ihrer Lebensgeschichte einen Bestseller schrieb, Sinnfindung durch Aufgabengestaltung in der zweiten Lebenshälfte unterliegt keiner zeitlichen Beschränkung. In einem Vortrag berichtete uns eine 74-jährige Frau, dass sie erst mit 60 Jahren Trompete spielen gelernt hat. Eine 77-jährige Frau kauft sich einen Computer, um darauf ihr Skatspiel zu verbessern. Eine fast 90-jährige Urgroßmutter kauft sich die neuesten Küchengeräte und freut sich, beim Kochen Erleichterung zu verspüren.

Auf Hillel, einem der bedeutendsten Rabbiner, der zur Zeit Jesu lebte, geht ein Spruch zurück: »Sage nicht: ›Sobald ich Zeit dafür habe, werde ich lernen‹; vielleicht hast du nie dafür Zeit.«

ES IST IMMER SINNVOLL, ETWAS ZU BEGINNEN

Sinnfindung hängt nicht vom Erfolg oder von der Perfektion ab, die ich erreichen möchte. Wir sind zum Beispiel in jedem Alter in der Lage, ein Musikinstrument zu erlernen. Der Gedanke an Erfolg und Perfektion kann genauso ein Hindernis sein, wie auf seine Außenwirkung zu sehen, wie wir beispielsweise mit dem Musikinstrument in der Gesellschaft ankommen. Der Gedanke an die Perfektion kann Sinnfindung stören und sogar verhindern. Dann wird der Sinn zu einem Mittel auf dem Weg zum Zweck, Erfolg und Perfektion zum Ziel der Handlung.

Starrheit im Denken kann Sinnfindung stören. Die Angst, nicht perfekt zu sein, das Vertrauen zu sich aus Bereichen zu ziehen, in denen ich mich sicher fühle, wo immer der erwartete Erfolg eintritt, kann das Entdecken von Neuem hindern und den Menschen erstarren lassen. Schon in jungen Jahren kann der Keim der Angst dazu führen, nur sichere Wege zu beschreiten. Wir möchten aber unsere Persönlichkeit entwickeln und *entfalten,* also auspacken aus den schützenden und wärmenden Elementen des Lebens, die uns so lieb geworden sind. Wir haben uns zu lösen von den vorgegebenen Formen und uns wachsenden Aufgaben zu stellen.

ERFOLG WIRD ERFOLGEN

»Erfolglosigkeit bedeutet nicht Sinnlosigkeit«, so Frankl. Erfolg und Sinn haben getrennte Startbedingungen und Auswirkungen. Wie wir weiter oben gezeigt haben, richten wir unser Leben in erster Linie nach sinnvollen Tätigkeiten und sinnvollen Lebensinhalten aus, wir entscheiden sinnorientiert. Unabhängig von der Gesellschaft und den vielen Einflüssen, die unser Leben bestimmen, sind wir für unsere sinnhafte Stellungnahme persönlich verantwortlich. Sinnfindung ist eine zutiefst persönliche Angelegenheit.

Erfolg kann von vielen Faktoren abhängen und wird nicht nur von mir selbst bestimmt. Viele Menschen, Fakten, Glück, Umstände und Einflüsse bestimmen Erfolg. Sinnerfüllung hängt ausschließlich von mir selbst ab, da der Sinn immer an die Person geknüpft ist. Nur ich bin verantwortlich für meine Sinnerfüllung, andere Menschen sind für ihre eigene Sinnerfüllung verantwortlich. Dazu wieder ein Beispiel: In der Praxis sitzt ein Ehepaar, beide zirka 70 Jahre alt. Sie sind sehr verzweifelt über die Beziehung zu ihrem drogenabhängigen Sohn. Viele Jahre hindurch haben sie ihn finanziell unterstützt, immer wieder Arbeitsplätze besorgt, ein Auto gekauft und bei den Mietzahlungen ausgeholfen. Der Zustand hat sich leider nicht verbessert, im Gegenteil: Jetzt entwickelt der Sohn Aggressionen gegen die Mutter, obwohl diese sich bis zur Selbstaufgabe der Hilfe widmet. Ein Allgemeinarzt, dem sie die Situation des Sohnes schilderte, forderte sie auf, ihn in eine psychiatrische Klinik einweisen zu lassen, um ihm professionell zu helfen. Beide Elternteile sitzen nun ratlos vor mir und gemeinsam ringen wir um einen sinnvollen weiteren Weg. Erste Aufgabe war, in der Rückschau die vielen Hilfen und Unterstützungen im positiven Sinn zu behalten, auch wenn der erwünschte Erfolg bis heute ausblieb. Dadurch konnten beide Elternteile erkennen, dass Hilfe nicht in Erwartungshaltungen führen darf, in der großen Hoffnung, durch Hilfe zu erreichen, dass der Sohn seine Lage erkennt und sich verändert. Sie haben auf die Situation bestmöglich reagiert.

Im zweiten Schritt war herauszuarbeiten, was jetzt in der Gegenwart notwendig war, welche sinnvolle Haltung oder Hilfe der nächste Schritt sein konnte, unabhängig, welcher Erfolg dadurch erzielt wird. Insbesondere die Mutter wollte unumschränkt weiter ihren Sohn finanziell unterstützen, obwohl bereits ein beträchtlicher Teil von Ersparnissen aufgebraucht und nur eine kleine Rente vorhanden war. In der Diskussion konnte aber erarbeitet werden, dass sinnvolles Tun und Werteverwirklichung von einem Erfolg unabhängig ist. In diesem Fall hängt der Erfolg auch von der Mitwirkung des Sohnes ab, bisher ohne Willen zu Veränderung. Wie konnte es also weitergehen? Am Horizont baute sich ein neuer Wert auf, der bei näherer Betrachtung wesentlich höher stand als die direkte finanzielle Hilfe in Verbindung mit der Erwartungshaltung und Hoffnung, dass sich der Sohn ändert. Auch die Ehefrau erkannte die Notwendigkeit einer Wende in der Hilfe. Sosehr die vergangene Hilfe durchaus sinnvoll, auch im Rahmen der familiären Verbindung, war, jetzt musste die Hilfe unter einen anderen Wert gestellt werden. Der Hausarzt gab die entscheidende Hilfe, den Sohn durch die akute Psychose mit der begleitenden Suizidalität auf Wunsch der Eltern in eine psychiatrische Klinik einweisen zu lassen. »Ich kann ihn doch nicht gegen seinen Willen einweisen lassen?«, so die Mutter und weiter meinte sie, es wäre Gewalt gegen ihn, immerhin seien sie doch seine Eltern. Wir konzentrierten uns auf den Wert Liebe, insbesondere Elternliebe zu den Kindern. Dabei konnte herausgearbeitet werden, dass Liebe weder in einer Wenn-dann-Beziehung auftritt noch darauf gehofft werden darf, was vielleicht zurückfließt. Der Gedanke daran, dass ihr Sohn im Rahmen einer Psychose Suizid begehen und Vater und Mutter ihm nicht, der Not entsprechend, helfen würden, wog schwer. Die Liebe der Eltern zu ihrem Sohn beinhaltete auch die Zwangseinweisung, unabhängig davon, wie eine Therapie endet und der Sohn in Folge auf seine Eltern reagiert. Beide Elternteile hatten die Weitsicht, über die scheinbare Gewalt der Zwangseinweisung hinweg die professionelle Hilfe durch Ärzte zu sehen und sie als sinnvollste Maßnahme in der augenblicklichen Situation zu erkennen. Sie *schenkten* ihm nicht nur ihre Liebe durch scheinbare Freiheitsberaubung, als wichtigsten Teil schenkten sie ihm sein Leben. Er wurde eingewiesen.

MEIN WERT HÄNGT NICHT VOM ERFOLG AB

Untersuchungen bestätigen die Annahme, dass die Zufriedenheit unabhängig vom Einkommen und der materiellen Ausstattung ist. Seit den 1950er-Jahren untersucht das Allensbacher Institut die Zufriedenheit der Bürger. Da allerdings das Volkseinkommen in diesem Zeitraum erheblich gestiegen ist, können wir es als eine bemerkenswerte Tatsache anerkennen, dass der Wert der Zufriedenheit in diesem Zeitraum nie gestiegen oder gefallen ist. Er liegt durchschnittlich gesehen bei 20 Prozent. Eine Studie, die zu einem ähnlichen Ergebnis führt, wurde in Amerika durchgeführt. Geld macht, der Studie der Universität Princeton zufolge, glücklich – aber nur bis zu einem bestimmten Punkt. Die Lebensqualität für einen Haushalt steigt bis zu einem Jahreseinkommen von knapp 60.000 Dollar immer weiter an, danach macht mehr Geld das Leben nicht mehr besser. Geld macht dieser Studie zufolge glücklich – aber nur bis zu einem bestimmten Punkt. »Vielleicht sind 60.000 Dollar auch eine Schwelle, über der es den Menschen nicht mehr möglich ist, das zu tun, was am meisten zählt für das emotionale Wohlbefinden: Zeit mit der Familie verbringen, Krankheit und Schmerz vermeiden oder die freie Zeit genießen«, schreiben der Ökonom Angus Deaton sowie der Wirtschaftsnobelpreisträger des Jahres 2002, Daniel Kahnemann. Und weiter bestätigen sie den Zusammenhang zwischen geringem Einkommen und Unglück. »Ein geringes Einkommen verschärft den emotionalen Schmerz, der Unglücke wie Scheidung, Krankheit oder Einsamkeit begleitet.« Erfolg kann vieles sein, die Sinnerfüllung wird allerdings nur durch Werteverwirklichung erreicht. Definieren wir den Wert eines Menschen durch seinen Erfolg, werden wir abhängig von vielen Faktoren, die Erfolg bestimmen. Es kann die eigene Leistung sein, es können aber auch glückliche Zustände zu einem Erfolg führen, der von der Person unabhängig ist. Erfolg ist zu unbestimmt, nur in beschränktem Maß beeinflussbar und kann versiegen. Insbesondere im Sport gilt der Satz, dass Erfolg viele Väter hat. Die Sinnfindung dagegen hängt weder von anderen Menschen ab noch von bestimmten Situationen und Ereignissen. Sinnfindung ist eine personale Angelegenheit und kann jederzeit erfolgen.

Der sogenannte Pensionsschock bei Männern kann auf diese Unterscheidung zurückgeführt werden. Solange der Mann erfolgreich im Beruf steht, einen Sinn daraus zieht, die Arbeit der höchste Wert im Leben darstellt, wird die eingenommene Schräglage nicht erkannt. Nach der Pensionierung bricht das Gebäude zusammen; die Basis für den Erfolg, über den sich die Person definiert, hat sich aufgelöst.

Meine eigene Sinnorientierung ist mir wichtiger als die Meinung anderer Menschen darüber

Seit Sokrates ist das Entscheidende das Wissen über das Leben. Während der mythische Mensch und der Mensch vor Sokrates durch Überlieferungen in den Stand der Erkenntnis gesetzt wurde, was Gut und Böse war, es den überlieferten Lehren ohne deutliches Bewusstsein entnommen wurde, wird jetzt die Ethik der Logik untergeordnet. Die Erkenntnis der wahren Welt wird nunmehr durch die Wissenschaft gewonnen. Durch diese Errungenschaft haben wir uns sehr weit entwickelt. Und trotzdem bleibt der Logos, die Sinnfindung, der Logik fern. Das ist die Umkehrung der verstandesgemäßen Welt und der Heiligkeit von Wissenschaft: Nicht im unmittelbaren Halten, Fühlen, Sehen, Messen und Nachvollziehen liegt das Erkennen und Erfüllen von Sinn, sondern in einem Unsichtbaren, in einem Erspüren, Probieren, Agieren und in einem Transzendentalen. Diese Absonderung von der Logik ist das Mittel zur Erkenntnis von Sinn. Im Erspüren von Sinn quillt das Leben des Menschen mit seiner ersten, nie zu beeinflussenden Unmittelbarkeit, vor jedem Denken und vor jedem Wollen.

Sinnfindung ist daher immer eine persönliche Angelegenheit. Vielfach wird die Sinnfindung über seine innerste Stimme, das Gewissen, verwechselt mit den gesellschaftlichen Konventionen, die von einem erwartet werden. Sigmund Freud nannte die Dimension der Gebote und Verbote auch Überich. Ein Beispiel dazu: Eine Mutter von zwei kleinen Kindern, verheiratet, ist dem Burnout nahe und begibt sich in eine Logotherapie. In den Gesprächen ergibt sich die Tatsache, dass sie immer für andere Menschen da ist und sich selbst erst ganz am Schluss der eigenen Bedürfniskette sieht: Zuerst standen bei ihr die Kinder, dann kam der Mann, es folgte der Beruf und erst am Schluss wollte sie sich Zeit für sich selbst nehmen, die nicht mehr vorhanden war. Es spielte natürlich auch eine Rolle, dass die Mutter generell in der charakterlichen Veranlagung ein offenes Herz für andere Menschen und deren Sorgen hatte, sich selbst aber dabei immer vergaß. Es war sorgfältig zu differenzieren, ob die Hilfsbedürftigen in der Tat so viel Unterstützung nötig hatten, wie sie es meinte, und ob es nicht für die umsorgten Personen bequem wurde, zu wissen, dass die Mutter für alles zuständig war. Im Gespräch erkannte die Patientin auch ihren Antrieb, es immer allen Menschen recht zu machen, weil sie sonst ein ›schlechtes Gefühl‹ bekäme, wie sie sagte. Auf Nachfragen stellte sich heraus, dass es im eigentlichen Sinne selbst gesetzte Normen, das Überich und angenommene Erwartungshaltungen der Gesellschaft waren, die sie antrieben. In der Differenzierung zwischen Überich und Gewissen erkannte sie die Schräglage und plötzlich sprach ihr Gewissen den entscheidenden Satz im therapeutischen Gespräch: »Wenn es mir gut geht, geht es auch meiner

Familie gut.« Die innere Wachheit für den Sinn des Augenblicks war entdeckt.

Der richtige Weg zu echter Sinnfindung war gefunden, ohne auszubrennen bei der Hilfe für andere Menschen: durch den Aufbau eines eigenen geistigen Raumes über Sport und kulturelle Betätigung abseits der Familie für sich selbst, unabhängig, was andere Menschen über sie dachten, und unabhängig von den zu leistenden Arbeiten. Diese Arbeiten konnten gut für eine gewisse Zeit warten.

Um ein wertvoller Mensch zu sein, hänge ich nicht von anderen Menschen ab

Der Wert der eigenen Person hängt nicht vom Grad der Hilfe für andere Menschen ab und schon gar nicht von Lobpreisungen und Huldigungen. Freilich geht ein Weg zur Sinnfindung über die Liebe, einen anderen Menschen in seiner Einzigartigkeit und Einmaligkeit, wie Frankl es immer betonte, zu erleben. Aber vor dieser Sinnerfüllung haben wir uns vor Augen zu führen, welchen Wert wir in uns tragen, ohne alle Verzierungen und geschaffenen Werten, ohne die vielen Aktivitäten und Annehmlichkeiten, die wir um uns aufgebaut haben. Räumen wir den Baum von unseren so angenehmen und wertvollen Dingen des Lebens ab, so zeigt sich der wahre Wert des Menschen: »Schließe die Fenster, verriegle die Pforten, verstopfe sorgfältig alle Zugänge. Und wenn schließlich nichts Neues mehr von außen in dich hineinkommt, kannst du anfangen, den alten Schmutz auszufegen.«[26] Entweder ist er ein herumgetriebener Mensch, der nicht bei sich zu Hause wohnt, so Bernhard von Clairvaux, der vielleicht in seinem Bauch wohnt oder den Geist anderer im Geldbeutel findet. Oder er spürt seinen wirklichen Reichtum, der in die Scheune seines Lebens eingefahren ist und das Vertrauen stärkt: das Vertrauen auf sich selbst. Wenn wir dann im Blick auf unser Leben zufrieden sind, dann ist es das Vertrauen auf sich selbst:

- Vertrauen, durchgehalten zu haben durch alle Lebensphasen
- den Lebenssinn zu finden, manchmal erst nach zähem Ringen mit sich selbst
- die Kräfte aus sich selbst heraus und aus dem Glauben an sich zu schöpfen
- die Kraft auch aus dem Glauben, aus Religio (Rückverbundenheit), zu schöpfen
- den Lebensgrund, aus dem der Mensch lebt, nicht in Abhängigkeiten zu anderen Menschen aufzubauen
- den Lebensweg zu beschreiten aus eigenen und zum Teil erkämpften Überzeugungen von Werten

Wir sind ein entscheidendes Wesen. Zu jedem Zeitpunkt entscheiden wir den nächsten Schritt in unserem Leben, wie wir uns entfalten und agieren. Um ein ›wertvoller‹ Mensch zu sein, benötigen wir nicht unsere Umwelt, wir benötigen die guten Seiten unseres eigenen Daseins. Ob wir ein Dr. Jekyll oder ein Mr. Hyde werden, hängt von der Umgebung ab, wie wir aufwachsen, wie wir sozialisiert werden, aber eine Tatsache lässt sich in keinem Fall wegdiskutieren und übersehen: Wir können immer anders, als wir wollen, wir können zu jedem Zeitpunkt unabhängig von unserer Gesellschaft entscheiden, wer wir werden möchten: ein Dr. Jekyll oder ein Mr. Hyde. Das Beispiel mit der jungen Diebin zeigt eindrücklich die immerwährende Möglichkeit auf, sich entscheiden zu können.

Für die Sinnerfüllung brauche ich die Anerkennung anderer nicht

Hängen wir vom Lob anderer Menschen ab? Sicher bereitet es uns Freude, wenn Partner, der Vorgesetzte und Freunde ein schönes Wort für uns sprechen, aber wir sollten uns nicht in die Abhängigkeit des Lobes und der Anerkennung von anderen Menschen begeben. Nur wer erwartet, wer Erwartungshaltungen aufbaut, kann enttäuscht werden. Wer Lob und Anerkennung erwartet, wird, wenn diese dann ausbleiben, enttäuscht und kann in eine tiefe Stimmungslage fallen. Ansprüche an andere Menschen erzeugen Trotzreaktionen auf beiden Seiten: Bleibt die erwartete Reaktion aus, folgt die Sanktion und diejenige Person, auf welche die Erwartung projiziert wurde, wird entweder pflichterfüllend, aber ohne Eigeninitiative, tätig werden oder gar nichts machen. Die anderen loben uns nicht, danken uns nicht und würdigen unsere Mühen nicht, na und? Elisabeth Lukas fragt in diesem Zusammenhang, was uns daran hindert, bei entsprechendem Anlass uns selbst auf die Schulter zu klopfen?

Wir wissen heute über die großen Zusammenhänge von Lob und Anerkennung, die uns von anderen Menschen entgegenströmen. Durch die Entdeckung der Spiegelneuronen im Gehirn des Menschen wissen wir sehr genau über das Fehlen von Anerkennung und seine Konsequenzen im Gehirn und ihren Auswirkungen Bescheid. Ausschluss aus der Gesellschaft, fehlende Anerkennung und Verachtung kann bis zum Tod eines Menschen führen. Als Erklärung für die massiven biologischen Effekte sozialer Isolation werden extreme Alarmreaktionen, insbesondere übersteuerte Aktivierungen des Nervensystems mit der Folge von tödlichen Entgleisungen der Regulation von Blutzucker, Stresshormonen, Herz- und Kreislauf angenommen, so der Psychoneuroimmunologe Joachim Bauer.

Wir wollen hier nicht den Teufel an die Wand malen, um über die extremen Folgen bei gesellschaftlichen Ausschluss nachzudenken, aber es stellt sich trotzdem die Frage: Was hindert uns daran, von sich aus andere Menschen zu loben und Anerkennung auszusprechen? So bezieht sich Joachim Bauer auf ein sehr einfaches, von jedem Menschen zu praktizierendes Beispiel:

Eine berufstätige Frau wird am Spätnachmittag von ihrem Partner von der Arbeit abgeholt. Das freundlich lächelnde Gesicht des am Auto wartenden Mannes wird bei ihr, während sie ihm entgegengeht, nicht nur – emotionale Ansteckung – zu einer Aufhellung ihrer

Stimmung führen. Sein Lächeln ist für sie zugleich das intuitiv wahrgenommene Vorzeichen für einen bestimmten nachfolgenden Ablauf der Dinge, in diesem Fall für einen angenehmen Ausklang des Tages. Auch eine versteinerte Miene würde – via Spiegelneurone – in der Frau spontan die Vorstellung einer dazugehörigen Abfolge von Ereignissen erzeugen.[27]

Ein anderes Beispiel hören wir immer in Paarberatungen: Am Anfang einer Beziehung wird noch Lob und Anerkennung ausgesprochen, die Liebe tut ihr Übriges, aber im Laufe der Jahre, auch wenn Kinder den Alltag bereichern und der Tagesablauf einen gewissen Rhythmus erfährt, verschwinden die warmen Worte für den Partner. Es ist selbstverständlich geworden, dass er da ist, er braucht kein Lob mehr. Und eines Tages hört das Lächeln auf und die Kommunikation untereinander wird geringer und verstummt eines Tages. Die Gesichter werden dauerhaft griesgrämig und echte Freude kommt in der Partnerschaft nicht mehr auf. Jeder erwartet vom Gegenüber im Stillen die Anerkennung zu erhalten, die jeder Mensch eigentlich benötigt, aber da sie ausbleibt, zieht sich auch der Erwartende zurück und der Endzustand einer Beziehung ist erreicht: Es wird geschwiegen, die große Unzufriedenheit greift um sich. Ein großes Aha-Erlebnis erfahren dann die beiden Partner in der Therapie, wenn sie hören, wie sehr beide auf die Anerkennung des jeweils anderen gewartet haben und keiner den ersten Schritt hin zu Kommunikation wagen wollte. In dem Moment, wo ich mich vom anderen und seiner Stimmung abhängig mache, habe ich den ersten Schritt in die falsche Richtung gesetzt. Niemand kann mich daran hindern, trotzdem ein nettes Wort über die Lippen zu bringen, Anerkennung auszusprechen, zu lächeln und zu versuchen, möglichst freundlich zu sein. Hier kann keine Person einer anderen Person die Freiheit rauben, diese Haltung einzunehmen.

Es ist ein exzellentes Reifezeichen, wenn wir uns unabhängig machen von den verborgenen Erwartungen und trotzdem nicht böse sind auf den anderen Menschen, der die Anerkennung vergessen hat, die Leistung schon als Routine gesehen oder gar als Selbstverständlichkeit angenommen hat. »Wer könnte verhindern, dass eine Hausfrau, deren Gäste wohlig speisen und plaudern, in sich hineinlächelnd zu sich selbst sagt: »Na, das Essen ist mir heute offenbar gut gelungen. Was bin ich inzwischen für eine prima Köchin geworden!«, so Elisabeth Lukas.

DIE DREI ›AUTOBAHNEN‹ ZUR SINNFINDUNG

Wenn wir nunmehr so weit sind, die Frage von Sinnfindung in die Tat umzusetzen, so dürfen hier keine Kochrezepte verlangt werden. Es gibt keine Zauberanleitungen für Sinnfindung, schon gar nicht dürfen wir davon ausgehen, dass andere Menschen für uns aktiv werden sollen, um für uns Sinn zu kreieren. Die ›Seelenmassage‹ muss von uns selbst kommen, genauso wie Ariadnes Faden zwar den Weg aus dem Labyrinth des Minotaurus für ihren Geliebten weist, aber Theseus ihn schon selbst gehen musste, den Weg in die Freiheit, nachdem er das Ungeheuer, halb Mensch, halb Stier, endlich getötet hatte. Wenn wir schon Zauberrezepte zum Bewältigen unserer Minotauren haben, so sind es die drei Wege von Sinnfindung und das Streben nach Werterfüllung als Ziel des Weges. Viktor Frankl macht mit den drei Hauptwegen der Sinnfindung und Werteverwirklichung deutlich, dass es bei der Wahrnehmung von Sinn und seiner Auslegung keine einfachen Wahrheiten gibt und dass nicht eine einheitliche Sicht und Wahrnehmung, sondern die Unterschiedlichkeit der Handlungs- und Interpretationsformen jedes einzelnen Menschen das Normale ist.

Der erste große Bereich zielt auf das Tätigwerden und aktive Handeln des Menschen ab, auf das Schaffen von Werten und Setzen beziehungsweise Leisten von Taten. Darin enthalten ist auch der ganze Komplex Arbeit und Beruf, der gerade heute durch die zunehmenden Anforderungen an den Arbeitnehmer in Sachen Schnelligkeit, Veränderung, Komplexität, Erfolg, Wachstum, schnelle Reaktion einerseits und andererseits durch den erheblichen Kostendruck krankheitsfördernde Bedingungen schafft, wie die Statistiken über die psychischen Erkrankungen von Arbeitnehmern aussagen. Nach epidemiologischen Studien gehören psychische Erkrankungen zu den häufigsten und kostenintensivsten Erkrankungen. Diese Krankheitsgruppe nimmt bis zum 35. Lebenjahr zu, um erst ab dem 60. Lebensjahr wieder etwas abzunehmen.[28] Eine interessante Theorie vertritt der Soziologe Alain Ehrenberg, wenn er meint, dass gerade die oben beschriebenen Veränderungen in der Berufswelt, aber auch die gegenwärtige Freiheit mit allen ihren Möglichkeiten der Unbegrenztheit dazu führen, das Individuum zu erschöpfen und die Anfälligkeit, Zerbrechlichkeit, Angst, Risikoscheu und Labilität zu Depressionen zu führen.

Unsere Darlegungen beziehen sich nicht auf die sinnvolle Gestaltung von Arbeit, da es ein zu großes Thema wäre, um es nur ansatzweise abhandeln zu können. Wir verweisen auf unsere Ausführungen *Sinnfunken – Ein neues Menschenbild für die Wirtschaft*, ein Buch, in dem grundlegende Gedanken zu Sinn und Arbeit niedergelegt wurden.

Neben den schöpferischen Werten gibt es noch die Werte des Erlebens, im Aufnehmen der Welt, wie sie ist und wie wir sie im positiven Sinn erleben können. Es betrifft die Hingabe an die Natur und an den Menschen in ihrer Einzigartigkeit und Schönheit.

Während wir lernen können, schöpferische Werte und Erlebniswerte zu leben und zu erleben, durch Erziehung, Nachmachen und Selbsterkenntnis, können die Einstellungswerte nicht gelernt oder durch Anleitung geprobt werden. Erst bei Eintritt des Ereignisses erhalten wir die Gelegenheit, Stellung zu beziehen, und erst ab diesem Zeitpunkt zeigt sich, ob wir der Verzweiflung entfliehen können durch das Entdecken eines vielleicht letzten Sinns. Worauf es bei Schuld, Leid, Vergänglichkeit und Tod ankommt, ist die Haltung, mit dem Schicksal in Einklang zu kommen. Wichtig für die Person ist die von ihr als richtig empfundene Haltung und Einstellung. Die Person erlebt sich nicht als Opfer, sondern als persönlich Antwortgebender (Agierender) auf eine nicht zu verändernde Situation.

Wir sind nicht frei von unseren Bedingungen, aber darin frei, wie wir mit den Bedingungen umgehen.

Mit anderen Worten: Wo keine Handlung mehr möglich ist, ist es nötig, in der rechten Haltung dem Schicksal zu begegnen, d. h. das Schicksal innerlich zu bewältigen. Im Sinne des Wortes ›Haltung‹ (das altfriesische Wort dazu ist ›halda‹) geht es um ›hüten, schützen und bewahren‹ seiner Kräfte und Motivation, trotz des Schicksals seinen Lebensweg weiterzugehen. Es geht darum, die Beziehung zu einem nicht zu lösenden Problem und Schicksal neu zu organisieren, und nicht darum, sich wieder besonders wohl zu fühlen. Einstellungen zu unveränderbaren Dingen und Konflikten relativieren den Anspruch auf Heilung zugunsten der Freiheit und bringen den Menschen zurück zu jener Macht, die er benötigt, um sich für dieses oder jenes zu entscheiden.

Generell kann festgehalten werden, dass Menschen, die um einen Sinn ringen, Menschen, die wegen Sinnlosigkeit leiden oder Schicksalsschläge zu verarbeiten haben, in ihrem Ringen um Sinn folgende Haltung zeigen:

- Das Ringen um Sinn ist Leistung
- Das Ringen um Sinn bedeutet menschliches Wachstum
- Das Ringen um Sinn ist menschliche Reifung
- Das Ringen um Sinn zeigt, dass Sinn und Werte vorhanden sind
- Das Ringen um Sinn ist eine grundlegende Lebenserfahrung

– Das Ringen um Sinn bietet die Chance für ein weiteres stabiles Leben
– Das Ringen um Sinn hat Vorbildwirkung für andere Menschen in schweren Lebenslagen

Das Ganze lässt sich denken (Möglichkeitssinn), aber erst im wirklichen Leben durch Beschreiten der Wege erkennen wir die Realität und spüren, ob wir auf dem richtigen Weg sind (Wirklichkeitssinn). Leben lässt es sich nur im Austragen der Widersprüche, der Anfeindungen, des Kampfes mit sich selbst, des Ändern des Weges. Wege der Sinnfindung (›sinnan‹ für reisen) sind aber nicht gleichzusetzen mit Automatismen von Sinn- und Werteerfüllung. Die Wege können vielfach weit verzweigt sein, es können viele Weggabelungen uns Entscheidungen abringen, den richtigen Weg weiter zu beschreiten, und wir sollten immer hellwach bleiben auf den Wegen der Sinnfindung. Unsere Wege im Leben mögen gedanklich vorgezeichnet sein, aber das wirkliche Leben zeigt uns trotzdem andere Wege auf, die wir beschreiten können. Es handelt sich auch um das Beantworten der Frage: Wozu fordert mich die Situation heraus? Es geht um ein Sollen, um ein Gesolltes, eine Forderung, diese Frage zu beantworten. Wenn wir von Gesetzmäßigkeiten und Automatismen der Sinnfindung in unserem Leben ausgehen, werden wir sehr anfällig für kleine Störungen und nicht kontrollierbare Belastungen. Wir sind gefordert, möglichst in keinen Automatismus zu verfallen, um den Sinn richtiggehend zu erwarten, sondern sollten, wie Computerexperten, ein offenes Programm permanent weiterschreiben, angleichen und verbessern.

Schöpferische, kreative Werte:
– Sportliche Betätigungen: Wandern, Laufen, Radfahren, Karate, ›Turnen bis zur Urne‹ etc.
– In ein Konzert gehen und sich vorher über den Komponisten und seine Zeit informieren

166

- Sich künstlerisch betätigen, kreativ sein: töpfern, zeichnen, fotografieren, filmen, schreiben, schnitzen, Schiffsmodelle bauen, im Garten arbeiten, aus der Quelle der Fantasie schöpfen, der Forscherlust nachgehen
- Lesen und studieren, Philosophie betreiben
- Im Chor singen
- Ein Musikinstrument lernen
- Laientheater spielen
- Ein neues Hobby lernen
- An gemeinnützigen Projekten und Organisationen mitarbeiten

Werte des Erlebens, der Liebe zu anderen Menschen:
- Eine neue Bekanntschaft machen
- Freunde zum Essen einladen
- Alte Schulfreunde aufsuchen
- Im Altenheim Personen vorlesen, spazieren gehen, unterhalten
- Anderen Menschen helfen
- Testament machen
- Karitativ tätig sein, ein Ehrenamt ausüben[29]
- Patenschaften übernehmen: Großelterndienst, Lesepate, Jobpate
- Kontemplation, beten
- Bewusst Menschen zuhören
- Sich politisch betätigen
- Frieden stiften, alte Konflikte beenden

Einstellungswerte:
- Sein Leben in Form einer Biografie niederschreiben
- Das bisherige Leben in einer existenzanalytischen Weise betrachten
- Seine *Schickung*, ob in positiver oder negativer Art (= Schicksal), annehmen
- Beginnende Leiden annehmen
- Das Alter als einen Reifungsprozess erkennen, Unvollendetes beenden

- Die kleiner werdenden Kreise von Möglichkeiten als Chance
  für Neues nutzen
- Alte Fotos beschriften und für die Nachkommen katalogisieren
- Verdrängte Konflikte mit anderen Menschen beenden
- Für etwas Abbitte leisten

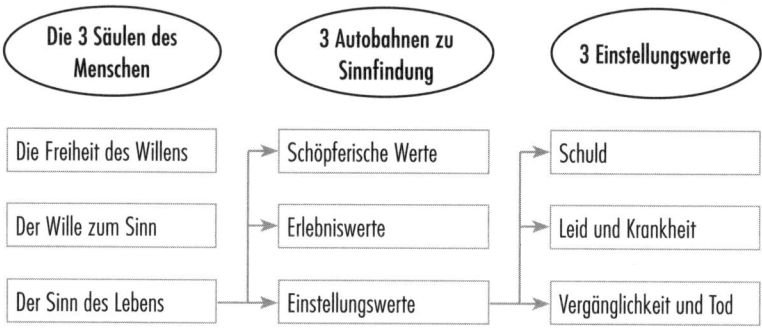

WELCHE ›AUTOBAHN‹ PASST FÜR MICH?

Es gibt eine Fülle von Möglichkeiten, Sinn zu entdecken. Die hier angeführten Punkte können nur ein ganz kleiner Ausschnitt eines reichhaltig gedeckten Tisches sein, an den wir uns setzen können. Gleichgültig, was uns im Leben widerfährt, die drei Säulen für ein sinnorientiertes Leben bleiben immer bestehen, unabhängig eines Alters. Es sind die fixen Bestandteile auf unserer Reise nach Werten. Wir wollen nur Grundgedanken zu Sinnfindung ausführen, um jeden Menschen seinen Freiraum zu lassen, ihn selbst zu entdecken.

Wenn zu beschaulichem Naturgenuss höchst aufgelegt, warum sollte sich das Alter strengen Arbeiten nicht mehr gewachsen fühlen, weshalb untaugend dafür sein? Seine Rüstkammern stehn ja angefüllt, an Erfahrungen hat es jahraus, jahrein immer mehr in sie eingetragen, soll sein gesammelter Schatz nur in fremde Hände fallen?
Jacob Grimm[30]

KONTEMPLATION UND AKTION

Viele Jahre unseres Lebens erkennen wir unsere Leistungen, die wir vollbringen, nur an den Ergebnissen. Wir sind eingespannt in den Kreislauf des beruflichen Aufbaus und der Karriereplanung, Kindererziehung, Haushalt und der materiellen Vorsorge. In der zweiten Lebenshälfte merken wir allerdings öfter unsere Ermüdbarkeit, Phasen von Erschöpfung stellen sich ein, die hohe Belastung des Berufs, aber auch die inneren Ansprüche an sich selbst oder die Unvereinbarkeit von zu viel Verantwortung lassen uns ermüden. Zu einem weiteren stabilen Leben hilft die Wechselwirkung zwischen Aktion und Kontemplation. Die regelmäßige Aufeinanderfolge von Perioden des Handelns und der Besinnung stärkt die Fähigkeit der weiteren Lebensbewältigung. Neue Bilder und Sinneseindrücke durch die Kontemplation, das Nachdenken oder die Besinnung fördern die Plastizität und den Prozess der Kräfteaktivierung und heben über Lebensbereiche ohne Sinn hinweg. Der Arbeitnehmer wird den Montagmorgen viel wirkungsvoller beginnen, wenn das Wochenende der Sinnerfüllung diente, zum Beispiel in Zurückgezogenheit der Geist zur Ruhe kam und eine stärkende Wirkung auf die Nerven ausüben konnte. Der Gegenpol Frankls zu seiner Arbeit war immer das Bergsteigen als kontemplativer Effekt. Gegenpol zu vita activa ist nicht eine andere Aktivität, die mehr oder minder wieder dem Beruf dient, sondern ein tatsächlicher Gegenpol. Gerade wenn alle Aktivitäten auf den Beruf abgestellt werden, auch die Freizeit im Dunstkreis des Berufs abläuft, werden wir kaum die Kontemplation finden, die wir in der zweiten Lebenshälfte für die Entspannung benötigen. Wenn wir unseren Mittelpunkt nicht verlieren wollen, also ›verrückt‹ werden wollen, brauchen wir eine immerwährende Erneuerung unserer geistigen Kräfte, eine Gewissenserforschung und eine ›Be-sinn-ung‹ auf unsere Werte des eigenen Lebens.

Streben Leistungsanspruch und Leistungsvermögen auseinander, fühlen sich viele Menschen zu noch mehr Leistung angetrieben: Diese Diskrepanz stellt in der zweiten Lebenshälfte eine extreme psychische Belastung dar. Der arbeitende Mensch flüchtet sich in die Überarbeitung und flieht so vor der Ruhe und Möglichkeit der inneren Einkehr, vor dem Zwiegespräch mit sich selbst. Die emotionalen Reserven werden sehr beansprucht und sind bald aufgezehrt. Wenn keine Quellen der Regeneration vorhanden sind, kommt es zum Burnout, depressiven Erschöpfungszuständen, gelegentlich auch Missbrauch von Alkohol oder von Medikamenten.

Das Wort ›Kontemplation‹ kommt vom lateinischen ›contemplari‹ und bedeutet ›schauen‹. Ziel der Kontemplation ist das Schauen ins eigene Selbst und das Innewerden von etwas, das jenseits unserer präsenten Welt liegt. Kontemplation bedeutet mindestens eine zweite Welt für sich aufzubauen, eine Welt des sicheren Raumes zur Erholung, Einkehr und Innehalten. Je älter wir werden, desto mehr erwächst uns ein Vorteil gegenüber der jüngeren Gesellschaft. An der Gelassenheit und Ruhe können wir ermessen, wie die Person mit einer Befangenheit umgehen kann, ohne sich sofort von äußeren Umständen abhängig zu machen und nervös und mit Ängsten zu reagieren. Es bedarf nicht vieler Stunden von Kontemplation, es sind die vielen kleinen ›Denkmale‹ des Tages, die Besinnung ermöglichen. Bewusste Stille, das Hören der Natur, kurzes Innewerden, kurze Entspannungsübungen können Leitplanken unseres Lebens sein. Wir sollten gewisse Fertigkeiten erarbeiten, um im Alltag die energieverbrauchenden Prozesse stoppen zu können und in energiefördernde Prozesse umzuwandeln. Dazu dient die gelegentliche Kontemplation, der Gang in die Stille, heraus aus dem Alltag.

BILDUNG – UND WAS DAMIT GEMEINT IST

Ähnlich wie die im Gehirn abgespeicherten inneren Bilder und Informationen zu unseren Fähigkeiten und bisherigen Lebenserfahrungen passen, kommt die unterscheidende Fähigkeit der Menschen hinzu, die tradierten Bilder unserer Gesellschaft, wie wir sie uns vorstellen, mit der Wahrnehmung abzugleichen und in die bestehenden Bilder zu integrieren. Wir leben in einer sich mehr oder weniger rasch, aber doch ständig verändernden Welt. Sehr viele Untersuchungen zeigen, dass unser Gedächtnis nachlässt, wenn es nicht mehr angeregt wird. Die beste Methode, so Draaisma, es nicht so weit kommen zu lassen, ist aktiv zu bleiben. Wer eine frühere Aktivität nach der anderen, wie Theaterbesuche,

Lesekreise oder Verwaltungsaufgaben streicht, untergräbt das eigene Gedächtnis.

Je mehr wir unsere Fähigkeit pflegen, neue Bilder in unseren Erfahrungsschatz zu integrieren, interessiert, diese zu entdecken und für sich zu gebrauchen, desto eher sind wir in der Lage, für uns neue Probleme leichter in unsere Vorstellung vom Leben zu integrieren. Die geistige Dimension, die sich durch das Realisieren von schöpferischen Werten zu einem schöpferischen Geist entwickelt, wird anpassungsfähig bleiben und Veränderungen und Entwicklungen besser begegnen. So schreibt der Neurobiologe Gerald Hüther zur Veränderung:

Wenn sich die Welt, in der wir leben, so schnell verändert, dass die Anpassungsfähigkeit der in unserem Gehirn angelegten Verschaltungen zwischen den Nervenzellen überfordert ist, wenn Reaktionen, die gestern noch geeignet waren, unsere innere Ordnung aufrechtzuerhalten, heute bereits falsch sind und wir zu ahnen beginnen, dass wir der Geschwindigkeit und der Vielfalt der auf uns hereinstürmenden Bedrohungen auch morgen und übermorgen nichts entgegenzusetzen haben, gerät unser Gehirn und geraten mit unserem Gehirn auch die von ihm gesteuerten, unsere innere Ordnung gewährleistenden großen Regelsysteme in Unordnung.[31]

Bildung ist die Fähigkeit, mit einer sich verändernden Welt umzugehen. Das Schwierige daran ist nicht, wie viel Wissen ein Mensch hat, wie viele Titel und Ehrungen in den Regalen stehen und geführt werden, sondern die Fähigkeit, das kommende Leben als Herausforderung anzunehmen. Nur eine dauernde Weiterbildung lässt uns stabil bleiben und Krisen als Chancen einer Weiterbildung erkennen, denn nur die Weiterbildung wird es ermöglichen, mit der Schnelligkeit des Fortschritts mitzuhalten. In diesem Sinne hat ein Mensch eine hohe Bildung, wenn er die vielen Anforderungen des Lebens, die Leiden, die Schicksale, die Herausforderungen annimmt und zu seinem Leben macht. Dieser

Mensch ist wie ein Kunstsammler, der durch seine reichhaltige Ausstellung von Bildern schreitet und zu jedem Bild eine Geschichte erzählen kann.

Das Bild der alten Bäuerin lädt dazu ein, über Bildung nachzudenken: Wir sehen eine alte Frau, die trotz ihrer Gebrechen noch Aufgaben annimmt. Das Gehen bereitet ihr sichtlich Mühe, der Holzrechen wird neben dem Gehstock als zusätzliche Unterstützung verwendet. Trotz der Mühe antwortet sie ihrem Leben gegenüber damit, so weit wie möglich ein kleines Tagwerk zu übernehmen. Möglicherweise ist der Bauernhof längst den Kindern überschrieben, aber trotz ihrer Gebrechlichkeit übernimmt die Altbäuerin noch Arbeiten. Sie nimmt ihre Vergänglichkeit an und integriert das Alter in ihr Leben. Einerseits lebt sie in ihrem großen vergangenen Bild mit dem Zeichen eines Kopftuchs, andererseits überstrahlt die Annahme des Lebens, sich mit Arbeit zu beschäftigen, ihre Gebrechlichkeit. Diese Frau hat sicherlich keine große Bibliothek im Haus, war ein Leben lang auf dem Bauernhof gebunden und hat dadurch wenig von der Welt gesehen, aber ihre Bildung, die Natur und das Leben letztendlich anzunehmen, hat sie reich an Erfahrungen werden lassen.

Es geht nicht um ein gehäuftes Bücherwissen, die Beschlagenheit des Allgemeinwissens mit Sachkenntnis zu untermauern. Bildung im Zusammenhang mit einem zufriedenen und sinnvollen Leben ist eine Synthese, die notwendigen Veränderungen dieses Lebens mit den unveränderbaren Teilen daraus zwischen Urteilen, zwischen Müssen und Wollen in Verbindung zu seinem bisherigen Leben zu bringen und mit dem Sollen zu verbinden. Diese Bildung wird den Menschen befähigen, sich erfolgreich mit den kommenden Ereignissen auseinanderzusetzen und immer in irgendeiner Art und Weise zufrieden mit seinem Leben zu sein.

NATUR UND STAUNEN

Wenn wir am Meeresufer auf einem sonnigen, menschenleeren Strand dahinwandern, spüren wir, wie das Bewusstsein hell wird und das Herz sich weitet. Die Stille eines Waldweges schenkt uns gleichsam eine neue Würde, die im Einklang steht mit der Erhabenheit der Bäume. Vom Gipfel eines Berges hinabzublicken und zu sehen, wie sich die Höhenstufen rhythmisch ins Tal senken, beruhigt die Seele. Selbst ein kleiner Abendspaziergang in einem baumbestandenen, womöglich menschenleeren Gässchen versetzt uns eher in die Verfassung, unsere Probleme von einem überlegenen Standpunkt aus zu betrachten, als am Schreibtisch durchwachte Nachtstunden.

Joseph Basile[32]

Im Erleben und Betrachten von Natur lasse ich mich auf etwas ein, das größer ist, als ich sein kann. In der Natur verlassen wir unsere künstlichen und komplizierten Lebenswelten, verlassen unsere Egozentrierung und entwickeln Vertrautheit und den Umgang, dass nicht wir im Mittelpunkt des Lebens mit der gesamten Machbarkeit unseres Fortschritts stehen. Die Natur kann uns das Gefühl von Harmonie und innerem Gleichgewicht zurückgeben, das in unserer schnellen Internetwelt zu oft genommen wird. In der Natur haben wir die Möglichkeiten zu Besinnung, den Sinn und die Vertrautheit mit uns selbst zu finden. »Die beste Schule«, so Konrad Lorenz, »in der ein junger Mensch lernen kann, dass die Welt einen Sinn hat, ist der unmittelbare Umgang mit der Natur selbst. Ich kann mir nicht vorstellen, dass ein normal veranlagtes Menschenkind, dem eine nahe und vertraute Berührung mit Lebewesen, d. h. mit den großen Harmonien der Natur, vergönnt ist, die Welt als sinnlos empfinden sollte.«

Unser Leben zielt auf schnelle Zwecke, aber in der Natur lernen wir in anderen Dimensionen zu sprechen. »Wir haben verlernt«, so Stefan Zweig, »in langsamen Steinen, in unendlichen Jahren unser Wesen auszudrücken.«

Wie sehr die Natur bereits seit vielen Jahrhunderten in Zusammenhang mit dem Alter gebracht wird, zeigen die Ausführungen Jacob Grimms über das Alter:

Man darf weiter sagen, dass in Greisen das Gefühl für die Natur steige und vollkommener werde, als es im vorausgehenden Leben war, und dass alles sie zum sicheren Verkehr mit dieser stillen und fesselnden Gewalt dränge oder anweise. Mit welcher Andacht schaut der Mensch im Alter empor zu den leuchtenden Sternen, die seit undenkbarer Zeit so gestanden haben, wie sie jetzt stehn, und die bald auch über seinem Grab glänzen werden. Wie schön begründet ist es, dass Greise die stärkende Gartenpflege und Bienenzucht gern übernehmen, ihr Impfen, Pfropfen geschieht alles nicht mehr für sie selbst, nur für die nachkommenden Geschlechter, die erst des Schattens der Neupflanzung froh werden können; was rührt mehr, als dass der heimkehrende Odysseus seinen sich von der Sehnsucht nach ihm verzehrenden Vater Laertes mitten in der Gartenarbeit überrascht? Nicht gesagt zu werden braucht, dass Cicero den Cato, der uns selbst ein köstliches Buch über den Landbau hinterlassen hat, allen Greisen auch die Gärten ans Herz legen lässt.[33]

LIEBE UND BINDUNGEN

Gerald Hüther geht von der These aus, dass wir heute in einem gesellschaftlichen Zerfallsprozess leben. Nur wenige Kräfte halten unsere Gesellschaft noch zusammen. Es sind zum einen die während der Kindheit vorgefundenen und mit der Bindung an primäre Bezugspersonen übernommenen Werte und Überzeugungen. Zum anderen sind es die übernommenen Vorstellungen, die im täglichen Leben zeigen, worauf es ankommt. Auf dieses Fundament, geprägt durch Altersgenossen, Schule, Eltern und Medien, werden alle weiteren Erfahrungen gepackt. Übernommen wird alles, so Hüther, was hilft, Sicherheit und innere Stabilität zu finden. Es sind grundlegende Wünsche jedes Menschen, wer möchte schon in Unsicherheit leben, mit Risiken und Gefahren zu tun haben und am Ende des Lebens nicht wissen, was eigentlich der Sinn seines Lebens war. Die geeignetste Strategie, die überall in den Medien präsent ist, ist die Schaffung von Macht und Reichtum beziehungsweise die Schaffung und Aneignung entsprechender Statussymbole. Für Hüther ist es heute der einzige Klebstoff, der die Gesellschaft noch zusammenhält.

Es gibt aber noch einen zweiten Weg für sich zu erschließen, um Sicherheit zu erlangen: durch die Aneignung von Wissen und Kompetenz. Aber durch die rasant steigende Informationsflut verlieren wir die Kompetenz des Wissens, da es exponenziell ansteigt. Diese Informationsflut verführt den Menschen, dieses Wissen als Wahrheit anzunehmen, ohne nachzudenken und das Kausalitäten und logischen Zusammenhängen in die Welt gesetzte scheinbare Wissen zu hinterfragen. Ein ›gegoogeltes‹ Wissen ist eben kein wirklich angeeignetes Wissen über die Erforschung und Aneignung eines Themas.

Der dritte Weg zu Sicherheit ist für Hüther ein beinahe schon vergessener Weg. Es ist der Weg der sozialen Bindung, der Verankerung des Einzelnen in der Gesellschaft. Es sind jene Menschen, die wissen, dass sie nur ein Teil eines größeren Ganzen sind und dass sie nur Sicherheit finden können, indem sie dazu beitragen, den Zusammenhalt innerhalb der Gesellschaft zu stärken. »Nur wenn diese soziale Verankerung eines Menschen breit genug ist und wenn die betreffende Person über ein umfangreiches Wissen und vielseitige Kompetenz verfügt, kann sich das herausbilden, was selbst eine ansonsten anonyme Gesellschaft tatsächlich noch zusammenhält: die Fähigkeit zur Wahrnehmung von sozialer Verantwortung.«

FRIEDEN UND DAS HERZ DENKEN LASSEN

Etwa die erste Hälfte des Lebens konzentrieren wir uns auf Lernen, Sozialisation, Berufsausbildung, Partnerschaft, Nachwuchs, Aufbau eines Heims und beruflichen Erfolg. Nicht immer sind wir dabei kooperativ tätig, es gilt, in der Konkurrenz zu bestehen, und selbst gesetzte Ziele und Wünsche möchten erfüllt, auch durchgesetzt werden. Die ›Karriere‹, eigentlich unsere ›Fahrstraße‹, wie das mittellateinische Wort übersetzt bedeutet, oder in der noch älteren lateinischen Fassung ›Wagen, Karre‹, trägt uns weit. Beachtliche Wege werden absolviert. Der Killerinstinkt, die Durchsetzungskraft, die Machtausübung, die Strategie und Taktik, die Krisentauglichkeit sind Vokabulare des Erfolgs, aber auch Wörter der Psyche und der Kriegsführung, mit denen wir auf der Karriere angreifen und Konflikte zum Nachteil anderer lösen.

In jungen Jahren steht der Mensch auf einem kleineren Fundament, das Leben gilt es aus dem großen Bereich von Möglichkeiten erst zu erfahren und zu erobern. Konfliktfähigkeit, Toleranz,

Einsicht müssen sich entwickeln, unsere geistigen Fähigkeiten entdeckt werden. Die geistigen Fähigkeiten haben sich zu entfalten, zu reifen und sich zur Blüte zu entwickeln. Damit steht dann der Mensch auf einem soliden Fundament. Der ältere Mensch kann dazu beitragen, aus seiner großen Erfahrung heraus stabilisierend auf jüngere Generationen zu wirken in der Art, dass nicht nur verbal abgerüstet wird, sondern gemeinsam Konflikte und Krisen gelöst werden, und durch seine geistige Autorität Entwicklungspotenzial aufzeigen und Vorbild sein.

Im Jahr 1975 gab es in Spanien einen Putschversuch von Angehörigen der Armee, den König Juan Carlos mit seiner geistigen Autorität unblutig, die Nacht am Telefon sitzend und mittels einer Fernsehansprache niederringen konnte. In der alles entscheidenden Nacht holte er seinen damals 13-jährigen Sohn und Thronfolger Felipe, Prinz von Asturien, in sein Büro. Er musste die gesamte Nacht bei der Arbeit seines Vaters zusehen: »Mehrere Male – der arme Junge war ja erst dreizehn Jahre alt – schlief er in seinem Sessel ein. Aber ich weckte ihn jedes Mal. Felipe, schlaf nicht! Sieh zu, was man als König tun muss! In dieser Nacht ... hat der Prinz von Asturien in wenigen Stunden mehr gelernt, als er in seinem ganzen restlichen Leben lernen wird!«

Es gibt auch heute noch Kulturen, in denen der ›Alte‹, der Dorfälteste mit seinem Rat Familienstreitigkeiten lösen und beschwichtigend auf die Parteien einwirken kann. Mit den Werkzeugen der geistigen Dimension kann Friedfertigkeit erlernt werden. Die Diskussion, ob wir aus egoistischen Genen bestehen, der Aggressionstrieb angeboren ist oder wir uns grundlegend kooperativ verhalten, führt uns nicht weiter, solange Konflikte nicht im Einvernehmen aller Beteiligten beendet werden. Die Verhaltensforscher gehen davon aus, dass die Aggression die Verbreitung des Menschen über die Erde förderte und die Besiedlung selbst unwirtlicher Gebiete bewirkte, indem aggressive oder in der Waffentechnik fortgeschrittene Völker andere in Rückzugsgebiete abdrängten oder assimilierten. Den Aggressionstrieb in uns über die Geschichte zu entdecken, ist allerdings keine große Aufgabe, bestehen auch heute noch Geschichtsbücher hauptsächlich aus kriegerischen Auseinandersetzungen und Eroberungen. Ein Alexander ist immer noch der Große und Napoleon gilt als großer Staatsmann, obwohl durch seine Politik unzählige Menschen in Not und Leid gestürzt wurden.

Wir sprechen heute von einer geistigen Wohlstandsverwahrlosung. Den postmodernen Menschen wird eine zunehmende Individualisierung der Lebensführung angeboten und gleichzeitig die Entmündigung und Durchleuchtung der Person betrieben. Die große Pluralisierung der Lebensarten und Erzeugung von noch größeren Datenmassen führt nicht nur zur Beliebigkeit in der Gesellschaft, sondern kann auch dazu führen, auf die kritische Urteilskraft zu verzichten. Der Mensch zieht sich aus der Gesellschaft zurück und gibt seine Verantwortung ab. Im Rahmen der Individualisierung werden die Menschen verstärkt auf sich selbst verwiesen, auf Fragen der Selbstfindung und Selbsterfüllung. Mit Begriffen wie Authentizität, Utopie, Ideale, Wertebildung, Bildungsbürgertum wird eine Person in die Asservatenkammer eines Zoos gesperrt oder nur milde gelächelt über die scheinbar so fossilen Wörter. Auf dem Ofen der Medien werden heute viele Blödheiten schnell aufgekocht und nach der Moral gelebt: Was Spaß macht, ist erlaubt. Es ist eine verkehrte Welt, eine Welt der Trieb- und Lustbefriedigung, eine emotionale Welt, die weder nach Sinn fragt noch Frieden stiftet beziehungsweise Gewalt verhindert. Die Gewaltbereitschaft unter Jugendlichen steigt und der innere Spannungsabbau durch gezielte sinnvolle Aufgaben wird durch die Medienwelt unterspült.

In den Medien werden Gewaltmodelle abgebildet, die den Eindruck vermitteln, dass es keine Tabus gibt und der Stärkere sich durchzusetzen hat. Wer über Tausende von Stunden eine Welt vorgesetzt bekommt, in der gemordet, bekriegt und gekämpft wird, kann keine soziale Kompetenz entwickeln, erfährt nicht die Erkenntnis, dass Kommunikation, Geduld und Dialog den Frieden fördern und die menschlichen Fähigkeiten jenseits der negativen Bereiche unserer Psyche liegen.

Es wäre zu einfach, den Menschen auf seine Triebe zu reduzieren und dies als anzunehmende Tatsache hinzunehmen. »Ich bin halt so« kann nicht gelten, auch nicht im geschichtlichen Zusammenhang unserer Menschwerdung. Dieses Menschenbild mag die Folge von persönlicher geschichtlicher Erfahrung sein, trotzdem sollten wir uns nachhaltig Gedanken darüber machen, ob wir nicht auch anders können, als diesem Menschenbild zu entsprechen. »Nachdem der Großvater Alkoholiker und der Vater Alkoholiker war, konnte ich doch nicht anders, als ebenso Alkoholiker zu werden.«

Aussagen, die so lauten, sind treffende Beispiele dafür, sein Unvermögen zu glorifizieren. In vielen psychotherapeutischen Schulen wird nach den Ursachen geforscht, wer die Verantwortung für die Hinfälligkeit des Patienten hat; einmal sind es die Eltern, ein anderes Mal das System oder gar die Familie. »Bei so einem Vater konnte der doch nichts werden«, wäre dann der logische pseudokausale Schluss (Kausalitätsprinzip).

In der Logotherapie und Existenzanalyse ist es eine Grundannahme, dass wir jederzeit auch anders können durch den bereits erklärten Grundsatz: die Freiheit des Willens. Jeder Mensch kann auch anders, als er glaubt sein zu müssen. In der Trotzmacht des Geistes steckt die Lösung: Auch wenn unsere Psyche für das Überleben und Sichern Aggressionen und Kampfesbereitschaft beherbergt, die geistige Dimension kann Frieden schaffen, Konflikte lösen, tolerieren und Spannungen abbauen (Finalitätsprinzip).

Wir kennen viele Beispiele von zerstörten Familien, wo die Konflikte über viele Jahre nicht gelöst werden und buchstäblich mit dem Tod eines Streitpartners zu Grabe getragen werden. Wenn ein Ehepaar sich scheiden lässt und die Konflikte auf dem Rücken der Kinder ausgetragen werden, die Kinder angehalten sind den ausgestiegenen Partner zu meiden und zu missachten, wenn Mütter ihre Kinder den Vätern entziehen und entfremden, um Rache zu nehmen, sind dies alles sehr traurige Anlässe zu der Feststellung, dass erwachsene Personen über viele Jahre nicht bereit sind, Frieden zu stiften.

Wenn ein negatives Menschenbild unser Leben bestimmt, wir daher nicht bereit sind, der Gesellschaft Liebe ohne Wenn und Aber zu schenken, Vertrauen zu geben, wie wird der andere Mensch, das ›Du‹, reagieren? Was würde geschehen, wenn wir mit dieser Haltung nun wieder auf Menschen treffen, welche dasselbe Menschenbild geprägt hat? Kann Aggression dauerhaft abgebaut werden, wenn wir uns gegenseitig misstrauen? Wir sehen, mit der Beantwortung dieser Fragen kommen wir kein Stück im Leben weiter. »Ich kann doch nichts ändern …«, könnte ein Satz der eigenen Ohnmacht sein, die Welt als Ganzes nicht verbessern zu können. Aber greifen wir da nicht zu den Sternen, erheben wir uns da nicht zu einem idealistischen Weltenherrscher?

Wenn wir in unserer Freiheit entscheiden, infolge eines negativen Menschenbildes einen Konflikt nicht lösen zu wollen, sind wir ein Sklave unserer Emotionen und unfrei. Warum Sklave? Die ›Kriegsbeute‹, wie der antike Grieche sagen würde, ist das ›ICH‹, der Sieger der Schlacht die Emotion, der sich das ›ICH‹ freiwillig unterwirft und in die Unfreiheit tritt. Jeder Mensch auf dieser Erde kann dazu beitragen, Frieden zu schaffen und Konflikte zu lösen helfen und besänftigend und ausgleichend wirken. Wie? Indem er seine Konflikte und Streitereien, sei es innerhalb der Familie, mit dem Nachbarn oder Arbeitskollegen oder Freund, löst und durch Verzeihen, Akzeptieren, Verstehen, Annehmen, durch das Denken des Herzens und durch das Fühlen der Vernunft dazu beiträgt, die Welt zu verändern.

LEID UND SCHICKSAL: TROTZDEM JA ZUM LEBEN SAGEN

Niemand in unserer Welt wünscht sich Leid und niemand wünscht einer anderen Person Leid. Auch hat Leid niemals Sinn, wird von keiner Person geschickt, weder von Gott noch von einer anderen Dimension, die transzendent ist. Leid ist immer sinnlos!

Leid und Schicksal fordern uns heraus, sinnvoll Stellung zu nehmen, ihnen zu begegnen und in das Leben zu integrieren. Wir können Leid in unserem Leben nicht ausweichen, es verhindern. Wir können es nur annehmen in sinnvoller Stellungnahme, im tapferen Aushalten von nicht zu wendenden Tatsachen und damit transformieren in das Höchste, was Menschen jemals leisten können: Leid in Leistung zu verwandeln. Es ist der höchste Wert, den jemals Menschen erfüllen können. Weder materieller Reichtum, Höchstleistungen im Sport, die Ansammlung von Ehrungen und Wissen können diesen Wert ersetzen.

Das Leben hat einen bedingungslosen Sinn (maxima sententia)! Es bedeutet, dass wir nicht immer erkennen können, wo Sinn steckt, warum dieses Leid gerade mich trifft, wie dieses Leid in Leistung transformiert werden kann. »Ich habe nicht mehr die Kraft auszuhalten, ich kann nicht mehr«, sind Sätze der Verzweiflung, sind Sätze, welche die Einengung des Blickfeldes zeigen. Es sind aber auch Sätze der realen Situation, wie der Leidende sein Leid, sein Schicksal tatsächlich empfindet: Es ist nicht zum Aushalten. Und trotzdem: Es gibt ein Trotzdem, Ja zum Leben zu sagen, einmal mehr aufzustehen als hinzufallen. Das, was den Kindern gilt, wenn sie hinfallen, über ihre Schmerzen weinen, gilt auch uns Erwachsenen: Aufstehen, das Leben geht weiter, das Leben bietet uns auch mit Leid und Schicksal, mit den Narben unseres Sturzes ein sinnvolles Leben. Es gibt auch jenseits des Leidens Leben zu entdecken!

Ein Sinn im Aushalten des Leides ist evident: Wir sind die höchste Form eines Vorbildes für die jüngere Generation, eben das Leben nicht hinzuwerfen, keinen Suizid zu begehen. So wie die Transformierung des Leides in tapferes Aushalten die höchste Werterfüllung darstellt, ist es auch die höchste Form der Vorbildfunktion. Kein Wissen der Welt kann den Kindern nahebringen, wie das Kämpfen um das Aushalten, das Suchen nach Lösungen zum Menschsein dazugehört, den Menschen erst zum Menschen macht: Leiden ist Leistung.

Keiner wünscht sich Situationen, in denen keine Auswege zu erkennen sind, wo sich das Schicksal plötzlich gegen einen selbst richtet, wo wir aus der Mitte des schönen Lebens gerissen werden und uns in der Wüste der Einsamkeit und Nacht, des Verlustes oder schwerer Krankheiten wiederfinden. Es gibt keine Schattenseiten des Lebens. Unser Leben selbst ist Licht, wir selbst sind das Licht des Lebens. Die Welt erweist sich als nicht ergründbar, der große Sinn des Lebens mit ihr. Die letztbegründende Sinnfindung hat sich zu bescheiden, selbstvertrauend im Rahmen der ihr gezogenen Grenzen, aber kraftvoll gegen eine Resignation sich stemmend, welche nicht über uns kommt.

Wollen wir mit unserem Leid, mit unserem Schicksal die Chance, die höchste Form der Werterfüllung, die höchste Form von Vorbildfunktion und die tiefste Botschaft der Menschlichkeit, dass wir selbst das Licht der Welt sind, nicht annehmen? Ist dagegen das Leid und Schicksal nahezu klein? Hier stecken die Kräfte, die uns weiterbringen, die uns wieder aufstehen lassen, weinen lassen über die großen Schmerzen, die wir nicht ertragen können. Nein, wir tragen diese Schmerzen, dieses Kämpfen, mit diesen Kräften, wir tragen unser Schicksal, wir tragen das Leid in unserem Licht und haben uns unserer nicht zu schämen.

Sinn und Leben verhält sich zueinander wie ein buntes Kirchenfenster und der Lichtstrahl. Das Licht gibt dem Kirchenfenster Struktur und Farbe, lässt den Raum freundlich wirken. So wie der Lichtstrahl das Fenster fassbar macht, kann Sinn dem Leben einen Rahmen geben und es in vielen Farben und Facetten erhellen. Das Leben ist spannend und schön.

SINN FINDEN FÜR SICH –
UND FÜR ANDERE

Wir begannen unsere Ausführungen mit einigen Fragen bezüglich Alter und Sinnfindung, die uns recht schnell über den Logos auf den richtigen Weg brachten. Epilog lässt sich auch auf das Wort ›Logos‹ zurückführen, ›epilogos‹, wie der antike Grieche dazu sagen würde, hat ebenso die Wurzel ›Rede‹. Wir nähern uns dem Schluss unserer Betrachtungen und glauben manches zur Stütze und zur Sinnfindung dem Leser nähergebracht zu haben, das Alter nicht als »Tochter der Nacht«, wie Hesiod in seiner *Theogonie* es formulierte, beschrieben zu haben, sondern als Aufforderung, mutig und tapfer die zweite Lebenshälfte sinnvoll ›im Licht‹ zu erleben.

Wenn wir darauf Bezug nahmen, dass es viele alte Kulturen gab, in denen den Alten und Älteren eine besondere Ehre zuteilwurde, wird auch unsere Zukunft ein neues Bewusstsein herausbilden müssen, wieder daran anzuknüpfen, wie unsere Vorfahren mit Erfahrung und Altersweisheit umgingen. Unsere Gesellschaft wird älter und auch die finanziellen Belastungen werden andere sein, als heute die Gesellschaft ihre Renten finanziert. Wir werden aktiv bleiben müssen, um nicht in Altersarmut zu sinken, wir werden auch deshalb aktiv bleiben müssen, weil die vielen Lebenserfahrungen an die nachkommenden Generationen weitergegeben werden müssen. Solange es keine friedvolle Gesellschaft gibt, sie nur ein Ideal der geistigen Fantasie bleibt, haben wir darum zu kämpfen, mit unseren großen und reichhaltigen Lebenserfahrungen dahin zu wirken, menschlich miteinander umzugehen. Kraft unseres Alters sind wir verantwortlich als Vorbild für die jüngeren Generationen die Fragen zu klären und zu lösen, die uns heute gestellt werden. Wer soll den jüngeren Generationen eine bessere

Welt aufzeigen als die erfahrene Generation mit ihrem großen Wissen? Wir müssen uns mit dem Gewicht des Alters in die Waagschale des sinnorientierten Lebens werfen und für uns selbst, aber auch für die Gesellschaft sinnvoll in die Welt wirken und Werte verwirklichen.

Der Sinnfindung steht jetzt nichts mehr im Wege!

ANHANG

VERWENDETE UND WEITERFÜHRENDE
LITERATUR

Basile, Joseph: *Der neue Führungsstil. Ein Kulturbrevier für Männer, die etwas zu sagen haben.* Wien 1967

Bauer, Joachim: *Warum ich fühle, was du fühlst. Intuitive Kommunikation und das Geheimnis der Spiegelneurone.* München 6. Aufl. 2006

Biller, Karlheinz: Der Wert-Begriff, in: Kurz, Wolfram / Sedlak, Franz: *Kompendium der Logotherapie und Existenzanalyse.* Tübingen 1995

Böckmann, Walter: Die Bedeutung der Logotherapie für die Arbeitswelt, in: *Kompendium der Logotherapie und Existenzanalyse.* Kurz / Sedlak (Hrsg.), Tübingen 1995

Böschemeyer, Uwe: *Schule des Lebens.* Band 1, Hamburg 2000

Clairvaux, Bernhard von: Aus der 83. Predigt über das Hohelied in: Ders.: *Sämtliche Werke,* 10 Bde. Innsbruck 2002

Ders.: Aus der 5. Predigt zur Fastenzeit. Ebda.

Ditfurth, Hoimar von: *Der Geist fiel nicht vom Himmel. Die Evolution unseres Bewusstseins.* München 4. Aufl. 1982

Draaisma, Douwe: *Die Heimwehfabrik – Wie das Gedächtnis im Alter funktioniert.* Berlin 2009

Ehrenberg, Alain: *Das erschöpfte Selbst. Depression und Gesellschaft in der Gegenwart.* Frankfurt 2008

Frankl, Eleonore, et al.: *Viktor Frankl, Erlebnisse und Begegnungen.* Innsbruck 2005

Frankl, Viktor E.: *Der unbewusste Gott.* Wien 1948

Ders.: *Psychotherapie für den Alltag.* 7. Aufl. Freiburg 1992

Ders.: *Der leidende Mensch. Anthropologische Grundlagen der Psychotherapie.* 2. Aufl. Bern 1996

Ders.: *Der Wille zum Sinn; Ausgewählte Vorträge über Logotherapie.* München
3. Aufl. 1996

Ders.: *Der Mensch vor der Frage nach dem Sinn.* München 9. Aufl. 1997

Ders.: *Theorie und Therapie der Neurosen.* München 1999

Ders.: *Ärztliche Seelsorge.* 11. Aufl., Wien 2005

Ders.: III.4. Verantwortung (Vortragsmanuskript). In: *Gesammelte Werke Bd. 2,
Psychologie des Konzentrationslagers.* hg. v. Batthyany / Biller / Fizzotti. Wien
2006

Fromm, Erich: *Haben und Sein; Die seelischen Grundlagen einer neuen
Gesellschaft.* 11. Aufl., München 1982

Grieser, Dietmar: *Es ist nie zu spät; Ihr zweites Leben.* Wien 2010

Grimm, Jacob: *Rede über das Alter; Rede über Wilhelm Grimm.* Göttingen, 1.
Aufl. 2010

Gritschneder, Moritz: Der Einfluss der Philosophie Max Schelers auf die Logotherapie Viktor E. Frankls. In: Batthyány, Zsok (Hrsg.): *Viktor Frankl und die
Philosophie.* Wien 2005

Guardini, Romano: *Das Ende der Neuzeit; Ein Versuch zur Orientierung.* Basel
1951

Kluge, Friedrich: *Etymologisches* Wörterbuch der deutschen Sprache. 24. Aufl.

Küng, Hans: *Projekt Weltethos.* München 7. Aufl. 2002

Ders.: *Was ich glaube.* München 2009

Hammer, Eckart: *Männer altern anders – Eine Gebrauchsanweisung.* Freiburg,
3. Aufl. 2008

Hiller, Kurt: *Logokratie oder Ein Weltbund des Geistes.* Leipzig 1921

Ders.: Der Sinn des Lebens. Eine Onchan-Predigt für Nicht-Theisten. (Isle of
Man, 2.11.1940) in: Kurt Hiller: *Ratioaktiv. Reden 1914– 1964. Ein Buch der
Rechenschaft.* Wiesbaden 1966

Höffe, Otfried: *Entscheidend im Alter ist das dreifache L.* Frankfurter Allgemeine
Zeitung, 6. März 2010

Hüther, Gerald: *Biologie der Angst – Wie aus Stress Gefühle werden.* Göttingen
9. Aufl. 2009

Ders.: *Die Macht der inneren Bilder; Wie Visionen das Gehirn, den Menschen und
die Welt verändern.* Göttingen, 5. Aufl. 2009

Ders.: *Die Evolution der Liebe – Was Darwin bereits ahnte und die Darwinisten
nicht wahrhaben wollten.* Göttingen 1999, 2007

Jaspers, Karl: *Einführung in die Philosophie.* München 1965

Jonas, Hans: *Das Prinzip Verantwortung; Versuch einer Ethik für die technologische Zivilisation.* Frankfurt 1984

La Mettrie, Julien de: *Der Mensch als Maschine.* Nürnberg 2004

Lorenz, Konrad: *Der Abbau des Menschlichen.* München 1986

Lucka, Emil: *Die Verwandlung des Menschen.* Zürich 1934

Lukas, Elisabeth: *Auch deine Familie braucht Sinn; Logotherapeutische Hilfen in Ehe und Erziehung.* Freiburg 1981

Diess.: *Geist und Sinn; Logotherapie – die dritte Wiener Schule der Psychotherapie.* München 1990

Diess.: *Auch Dein Leben hat Sinn; Logotherapeutische Wege zur Gesundung.* Freiburg 1991

Diess.: *Die magische Frage wozu?* Freiburg 1991

Diess.: *Worte können heilen.* Stuttgart 1998

Diess.: *Auf den Stufen des Lebens.* Gütersloh 2001

Diess.: *Alles fügt sich und erfüllt sich – Die Sinnfrage im Alter.* Gütersloh, 4. Aufl. 2004

Diess.: *Den ersten Schritt tun – Konflikte lösen, Frieden schaffen.* München 2008

Musil, Robert: *Der Mann ohne Eigenschaften.* Hamburg 1970

Pieper, Josef: *Muße und Kult.* München 1959

Safranski, Rüdiger: *Wie viel Globalisierung verträgt der Mensch.* München 2003

Schneider-Flume, Gunda: *Alter – Schicksal oder Gnade?* Göttingen 2008

Schweitzer, Albert: *Die Lehre der Ehrfurcht vor dem Leben.* Berlin 1968

von der Thannen, Raimund: *Seele sucht Ruhe. Gedanken aus der Einsiedelei.* Innsbruck 2008

Thies, Christian: *Einführung in die philosophische Anthropologie.* Darmstadt 2004

Vilallonga, José Luis de: *Juan Carlos.* München 1993

Zweig, Stefan: Die Kathedrale von Chartres, in: Stefan Zweig: *Länder, Städte, Landschaften.* Frankfurt 1982

ANMERKUNGEN

1 Vgl.: Draaisma, Douwe: Die Heimwehfabrik – Wie das Gedächtnis im Alter funktioniert. Berlin 2009, S. 77 ff.

2 Frankl, Viktor E.: Der Wille zum Sinn; Ausgewählte Vorträge über Logotherapie. München 3. Aufl. 1996

3 SÜDWESTRUNDFUNK, SWR2 Leben – Manuskriptdienst: Der Sinnsucher – Viktor Frankl und die Logotherapie. Reihe: Therapien für die Seele (2) Autorin: Birgit Schönberger, Sendung: Mittwoch 14.02.2007, 10.05 Uhr, SWR 2

4 Frankl, Viktor E.: III.4. Verantwortung (Vortragsmanuskript), in: Gesam-

melte Werke Bd. 2, Psychologie des Konzentrationslagers; Batthyany / Biller / Fizzotti (Hrg.) Wien 2006, S. 191 f.

5   Thannen, Raimund von der: Seele sucht Ruhe. Gedanken aus der Einsiedelei. Innsbruck 2008, S. 102

6   Jaspers, Karl: Einführung in die Philosophie. München 1965, S. 65

7   La Mettrie, Julien de: Der Mensch als Maschine. Nürnberg 2004 (1709–1751)

8   Frankl, Viktor E.: Der leidende Mensch. Anthropologische Grundlagen der Psychotherapie. 2. Aufl., Bern 1996, S. 27 f.

9   Frankl, Viktor: Ärztliche Seelsorge. 11. Aufl. Wien 2005, S. 134

10 Lucka, Emil: Die Verwandlung des Menschen, ..., S. 178

11 Ebenda S. 600

12 Zitiert aus: Deutschlandfunk, Studiozeit: Aus Kultur und Sozialwissenschaften: Hauptsache immer mehr, gesendet 10.06.2010, 20.10 Uhr

13 Musil, Robert: Der Mann ohne Eigenschaften. Hamburg 1970, S. 16

14 Clairvaux, Bernhard von: Aus der 83. Predigt über das Hohelied

15 Sinn und Werte in der Wirtschaft; Schriftenreihe des Süddeutschen Instituts für Logotherapie; Zusammengestellt und redigiert Zsok / Schechner, Fürstenfeldbruck 2004, S. 15

16 Sinn und Werte in der Wirtschaft; Schriftenreihe des Süddeutschen Instituts für Logotherapie; ..., S. 15 f.

17 Das Wort Intelligenz wird im Deutschen erst seit dem 18. Jh. verwendet. Hingegen ist das Wort »verstehen« seit dem 8. Jh. gebräuchlich mit der überkommenen Bedeutung von »eine Sache vertreten« und damit »sie verstehen«. Das Wort »Vernunft« kann nicht eindeutig einer Ableitung zugeordnet werden. Vgl. Etymologisches Wörterbuch der deutschen Sprache, Kluge, 24. Aufl.

18 Erich Fromm spricht in diesem Zusammenhang von »manipulativer Intelligenz, als Instrument zur Erreichung konkreter Ziele von Tieren und Menschen. Ohne Kontrolle durch die Vernunft ist die manipulative Intelligenz gefährlich für den Menschen, vom Standpunkt der Vernunft aus gesehen. In: Haben und Sein; Die seelischen Grundlagen einer neuen Gesellschaft. 11. Aufl. München 1982, S. 144

19 Kant, I.: Grundlegung zur Metaphysik der Sitten, Vorrede, zit. in: Jonas, Hans: Das Prinzip Verantwortung. Versuch einer Ethik für die technologische Zivilisation. Frankfurt 1984, S. 24

20 Ditfurth, Hoimar von: Der Geist fiel nicht vom Himmel. Die Evolution unseres Bewusstseins. München 4. Aufl. 1982, S. 260 f.

21 Vgl.: Lukas, Elisabeth: Auch deine Familie braucht Sinn; Logotherapeutische Erziehung in der Erziehung. Freiburg 1981, S. 28

22 Schweitzer, Albert: Die Lehre der Ehrfurcht vor dem Leben. Berlin 1968, S. 45 f.

23 Lorenz, Konrad: Der Abbau des Menschlichen. München 1986, S. 175

24 Frankl, Viktor: Der leidende Mensch, ..., S. 58

25 Ebenda.

26 Clairvaux, Bernhard von: Rückkehr zu Gott; Die mystischen Schriften. Über die Bekehrung. VI.8.

27 Bauer, Joachim: Warum ich fühle, was du fühlst. Intuitive Kommunikation und das Geheimnis der Spiegelneurose. München 6. Aufl. 2006, S. 111.

28 Genaue Angaben dazu siehe Gesundheitsreport DAK 2009, www.dak.de
An dritter Stelle der Liste der wichtigsten Einzeldiagnosen stehen depressive Episoden (Seite 35 DAK Report für 2009)

29 Ehrenamtliches Engagement kann gelebt werden in: Kindergärten, Jugendeinrichtungen, Schulen, Krankenhäusern, Hospizen, Senioreneinrichtungen, Behindertenwerkstätten, Kulturzentren, Bibliotheken, Archiven, Museen, Tierschutzorganisationen, Umweltinitiativen, Sportvereinen, Literaturhäusern, Suppenküchen und bei vielen anderen Einrichtungen.

30 Grimm, Jacob: Rede über das Alter; Rede über Wilhelm Grimm, Göttingen, 1. Aufl. 2010S. 41

31 Hüther, Gerald: Die Evolution der Liebe – Was Darwin bereits ahnte und die Darwinisten nicht wahrhaben wollten. Göttingen 1999, 2007, S. 67

32 Basile, Joseph: Der neue Führungsstil. Ein Kulturbrevier für Männer, die etwas zu sagen haben. Wien 1967, S. 144

33 Grimm, Jacob: Rede über das Alter; ..., S. 39

QUELLENVERZEICHNIS

S. 24 Viktor E. Frankl, Der Wille zum Sinn © 2012 Verlag Hans Huber in der Hogrefe AG, Bern

S. 28 f. Birgit Schönberger, Der Sinnsucher – Viktor Frankl und die Logotherapie. Reihe: Therapien für die Seele (2), Sendung in SWR 2 am 14.2.2007 © bei der Autorin

S. 32 f. Viktor E. Frankl, Gesammelte Werke Bd. 2: Psychologie des Konzentrationslagers. Synchronisation in Birkenwald. Und ausgewählte Texte 1945–1993, hg. v. Alexander Batthyany / Karlheinz Biller / Eugenio Fizzotti © 2006 Böhlau Verlag Ges.m.b.H. & Co. KG, Wien u. a., S. 191 f.

S. 35 Raimund von der Thannen, Seele sucht Ruhe. Gedanken aus der Einsiedelei © 2008 Verlagsanstalt Tyrolia Ges.m.b.H., Innsbruck, S. 102

S. 45 f. Karl Jaspers, Einführung in die Philosophie © 1971 Piper Verlag GmbH, München, S. 65

S. 55 Viktor E. Frankl, Ärztliche Seelsorge. Grundlagen der Logotherapie und Existenzanalyse. Überarbeitete und erweiterte Auflage. © Deuticke im Paul Zsolnay Verlag Wien 2005

S. 76 f. Robert Musil, Der Mann ohne Eigenschaften, Rowohlt Verlag GmbH, Reinbek 1970, S. 16

S. 140 Albert Schweitzer, Die Ehrfurcht vor dem Leben. Grundtexte aus fünf Jahrzehnten, hg. v. Hans Walter Bähr © 2008 Verlag C.H. Beck, München

S. 142 Konrad Lorenz, Der Abbau des Menschlichen © 1983 Piper Verlag GmbH, München, S. 175

S. 142 f. Viktor E. Frankl, Der leidende Mensch. Anthropologische Grundlagen der Psychotherapie © 2005 Verlag Hans Huber in der Hogrefe AG, Bern, S. 58

S. 146 Tobias Timm, Von der uralten Schule © DIE ZEIT vom 28.1.2010, S. 50

S. 147 f. Viktor E. Frankl, Der leidende Mensch. Anthropologische Grundlagen der Psychotherapie © 2005 Verlag Hans Huber in der Hogrefe AG, Bern, S. 58

S. 151 © Financial Times Deutschland

S. 160 f. Joachim Bauer, Warum ich fühle, was du fühlst © Hoffmann & Campe, München [6]2006

S. 172 Gerald Hüther, Die Evolution der Liebe. Was Darwin bereits ahnte und die Darwinisten nicht wahrhaben wollen © 2007 Verlag Vandenhoeck & Ruprecht, Göttingen, S. 67

S. 174 Joseph Basile, Der neue Führungsstil. Ein Kulturbrevier für Männer, die etwas zu sagen haben, Verlag Herder GmbH, Wien / Freiburg i.Br. 1967, S. 144

Trotz umfangreicher Bemühungen ist es dem Verlag nicht gelungen, alle Rechteinhaber ausfindig zu machen. Für weiterführende Hinweise sind wir dankbar.

Ein Plädoyer für die geistige

Freiheit des Menschen

Religion & Gesellschaft

Viktor E. Frankl
... TROTZDEM JA ZUM LEBEN SAGEN
Ein Psychologe erlebt das Konzentrationslager
192 Seiten Gebunden
5. Aufl. 2013
ISBN 978-3-466-36859-4

»Die Konzentrationslager Hitlers und Himmlers sind heute historisch, sie sind nur ein Beispiel für vielfach andere, neuere Höllen; und wie Viktor Frankl seine Lager-Zeit überwand, das ist inzwischen anwendbar geworden auf viele, nicht nur deutsche Situationen, die Zweifel am Sinn des Lebens nahelegen.«

Aus dem Vorwort

www.koesel.de Sachbücher & Ratgeber